《中国脱贫攻坚典型案例丛书》
编 委 会

决战脱贫攻坚
决胜全面小康

——兰考的故事

中国扶贫发展中心　组织编写

吕方　黄承伟　等　著

JUEZHAN TUOPIN GONGJIAN
JUESHENG QUANMIAN XIAOKANG

人民出版社

编 写 说 明

　　2021 年 2 月 25 日，习近平总书记在全国脱贫攻坚总结表彰大会上庄严宣告，经过全党全国各族人民共同努力，在迎来中国共产党成立一百周年的重要时刻，我国脱贫攻坚战取得了全面胜利，现行标准下 9899 万农村贫困人口全部脱贫，832 个贫困县全部摘帽，12.8 万个贫困村全部出列，区域性整体贫困得到解决，完成了消除绝对贫困的艰巨任务，创造了又一个彪炳史册的人间奇迹！

　　党的十八大以来，以习近平同志为核心的党中央把脱贫攻坚摆在治国理政的突出位置，把脱贫攻坚作为全面建成小康社会的底线任务，组织开展了声势浩大的脱贫攻坚人民战争。党和人民披荆斩棘、栉风沐雨，发扬钉钉子精神，敢于啃硬骨头，攻克了一个又一个贫中之贫、坚中之坚，脱贫攻坚取得了重大历史性成就。新时代脱贫攻坚深刻改变了贫困地区落后面貌，有力推动了中国农村的经济社会发展进程，为实现全面建成小康社会目标任务作出了关键性贡献，为全面建设社会主义现代化国家、实现第二个百年奋斗目标奠定了坚实基础。脱贫攻坚，取得了物质上的累累硕果，也取得了精神上的累累硕果，脱贫群众精神风貌焕然一新，增添了自立自强的信心勇气。党在农村的执政基础更加牢固，党群关系、干群关系得到极大巩固和发展。脱贫攻坚伟大斗争，锻造形成了"上下同心、尽锐出战、精准务实、开拓创新、攻坚克难、不负人民"的脱贫攻坚精神。创造了减贫治理的中国样本，为全球减贫事业作出了重大贡献，走出了一条中国特色减贫道路，形成了中国特色反贫困理论，丰富了人类文明新形态的探索。

为贯彻落实习近平总书记"脱贫攻坚不仅要做得好，而且要讲得好"的重要指示精神，各地区各部门全面总结脱贫攻坚经验。为记录好脱贫攻坚这场伟大的人民战争，原国务院扶贫办党组就脱贫攻坚成就和经验总结工作作出专项安排。中国扶贫发展中心在原国务院扶贫办党组的领导指导及各司各单位的配合支持下，具体牵头承办25个典型案例总结工作。发展中心精心组织工作推进，分区域、专题、层次召开了30多次讨论会，编印脱贫攻坚案例总结项目指南和驻扎式调研实施方案及有关规范要求，公开遴选25个机构组成由国内知名专家担纲的团队，深入210多个县，开展进村入户、深入县乡村访谈座谈，累计在基层一线驻扎938天。历时半年，形成了一批符合规范、较高质量的典型案例并通过了党组组织的评审，报告成果累计400多万字、视频成果16个。

西藏、四省涉藏州县、新疆南疆四地州、四川省凉山州、云南省怒江州、甘肃省临夏州、陕西省延安市、贵州省毕节市、宁德赣州湘西定西四市州、河南省兰考县、江西省井冈山市、宁夏回族自治区永宁县闽宁镇、云南省贡山县独龙江乡、河北省阜平县骆驼湾村和顾家台村、湖南省花垣县十八洞村等15个区域案例研究成果，全面呈现了这些典型贫困地区打赢脱贫攻坚战的艰苦历程，结合各地方特色，系统分析了不同地方脱贫攻坚取得的历史性成就、主要做法、遇到的困难问题、产生的经验启示，基于实地观察提出了相关建议，提炼了一批鲜活生动的脱贫故事。这些典型区域脱贫攻坚案例成果，对于巩固拓展脱贫攻坚成果，接续推动脱贫地区发展，进一步推动发展不平衡不充分问题的解决，具有重要理论价值和实践意义。

驻村帮扶、东西部扶贫协作、易地扶贫搬迁、建档立卡、扶贫小额信贷、光伏扶贫、扶贫车间、学前学会普通话、生态扶贫、电商扶贫等10个专题案例研究成果，以不同地方具体个案作为支撑，生动反映国家减贫治理中有特色、有成效的探索创新，在分析专项政策举措带来发展变化的基础上，归纳提炼其特色做法、突出成效、实践经验，分析存在的问题和挑战，提出相关建议。这些专题案例研究成果，为全面展示精准扶贫的顶层设计和生动实践，讲好中国脱贫故事提供了鲜活素材。

脱贫摘帽不是终点，而是新生活新奋斗的起点。脱贫攻坚取得全面胜利后，全面推进乡村振兴，这是"三农"工作重心的历史性转移，其深度、广度、难度不亚于脱贫攻坚。我们相信，本丛书汇集的这批脱贫攻坚典型案例所揭示的方法论意义，对于巩固拓展脱贫攻坚成果、全面推进乡村振兴、加快农业农村现代化、建设农业强国具有重要借鉴价值，对于促进实现人的全面发展和全体人民共同富裕具有重要启示。

在各书稿编写过程中，中国扶贫发展中心邀请文军、田毅鹏、刘学敏、孙久文、杜志雄、李重、吴大华、吴建平、汪向东、张莉琴、陆航、林万龙、荣利颖、胡宜、钟涨宝、贺东航、聂凤英、徐勇、康沛竹、鲁可荣、蒲正学、雷明、潘颖豪、戴焰军（以姓氏笔画排序）等专家给予了精心指导，为丛书出版提供了专业支持。

编委会

2022 年 6 月

目 录
CONTENTS

5

前　言

　　兰考县，是焦裕禄精神的发祥地，同时也是河南省开封市唯一的国家扶贫开发工作重点县。2020年4月，全县下辖13个乡镇，3个街道，454个行政村（社区），总面积1116平方公里，总人口87万。2002年兰考县被确定为国家扶贫开发工作重点县，2011年被确定为大别山连片特困地区重点县，2014年建档立卡时，全县有贫困村115个，贫困人口23275户77350人，贫困发生率10.2%。2014年兰考县被确定为习近平总书记第二批党的群众路线教育实践活动联系点，2014年3月和5月习近平总书记两次亲临兰考指导县域治理和减贫发展，兰考县委县政府向习近平总书记立下了"三年脱贫、七年小康"的军令状。

　　兰考牢记习近平总书记的教导和嘱托，坚持以习近平新时代中国特色社会主义思想为指引，特别是坚持以习近平总书记关于扶贫工作的重要论述和关于兰考工作的重要指示作为谋划减贫、发展和治理的根本遵循。实践中，兰考将贯彻县域治理"三个起来"（把强县和富民统一起来，把改革和发展结合起来，把城镇和乡村贯通起来）思想和乡镇工作"三个结合"（把改进作风和增强党性结合起来，把为群众办实事和提高群众工作能力结合起来，把抓发展和抓党建结合起来）思想与县域脱贫攻坚工作紧密衔接，坚持以思想认识统揽、组织力量统揽、发展实践统揽为重点，建立党政齐抓共管的体制机制，把"以脱贫攻坚统揽经济社会发展全局"落到实处；按照分类施策、均衡推进的精准方略，把"六个精准"做实做细，着力解决好"四个问题"；通过深化督查机制改革、扶贫资金管理运行机制改革、便民服务体制改革、人事管理制度改革、创新金融扶贫和教育扶贫工作模式，以改革创新破解关键制约，为脱贫攻坚提供有力支撑。经过兰考全县干部群众团结一心奋力拼搏，2016年底全县农村贫困发生率降至1.27%，2017年2月经河南省政府批准，兰考县正式退出贫困县序列，成为全国率先脱贫摘帽的县。

　　成功实现脱贫摘帽以后，兰考坚持思想上不松懈、政策上不松劲，继续以稳定脱贫奔小康统揽经济社会发展全局，探索出"一条主线统揽全局、两个重点夯实基础、三个落实稳定脱贫、四个强化提升本领、五个衔接深入推进"的"12345"工作思路和方法。接续推进巩固拓展脱贫成果、提升脱贫质量，做好脱贫攻坚与乡村振兴有效衔接。具体来说，"1"是指通过"一条主线"统揽全局。全面脱贫以后，坚定不移以脱贫攻坚统揽全局，做好持续帮扶工作。"2"是指抓好"两个重点"夯实基础，即以进一步提升产业扶贫质量、进一步做好稳定充分就业工作为重点，夯实稳定脱贫的基础。"3"是指建立"三个落实"稳定脱贫工作机制，包括分层明责促责任落实、把握标准促政策落实、建章立制促工作落实。"4"是指通过"四个强化"提升本领，包括强化基层基础，提升政治领导本领；强化人才培育，提升学习本领；强化谋划规划，提升科学发展本领；强化要素激活，提升改革创新本领。"5"是指通过"五个衔接"深入推进脱贫攻坚与乡村振兴有效衔接，即从培育特色产业向产业兴旺推进；从基础设施提升向生态宜居推进；从激发内生动力向乡风文明推进；从依靠各级帮扶向治理有效推进；从"两不愁三保障"向生活富裕推进。

　　"三年脱贫、七年小康"的拼搏奋斗，兰考县在扎实做好脱贫攻坚工作，确保赢得脱贫攻坚战胜利的同时，统筹推进全县经济社会全面高质量发展及县域治理体系和治理能力现代化。截至2019年底，兰考虽已脱贫但仍在建档立卡管理，贫困人口人均纯收入达到 12124 元，比 2017 年的 5421 元增长 6703 元。截至 2020 年 4 月，全县剩余未脱贫人口 3 户 10 人，贫困发生率降至 0.0012%。脱贫攻坚过程中，兰考县培育壮大品牌家居、循环经济和绿色畜牧产业 3 个主导产业和智能制造、文旅培训 2 个特色产业，初步形成创新、协调、绿色、开放、共享的高质量发展体系；通过坚持走具有地方特色的新型城镇化路子，在脱贫攻坚中同步推进城乡统筹发展，以城乡面貌的大改变提振发展信心、展示脱贫成效；通过坚持集中精力以改革创新释放发展活力，着力构建县域改革体系和公共服务体系，群众的认可度、满意度、幸福感大幅提升。2019 年全县完成生产总值 389.9 亿元，同比增长 8%，一般公共预算收入 25.2 亿元，增长 17.3%。同时我们看到，在脱贫攻坚过程中，兰考县党的建设、政府治理、市场治理、社会治理诸领域取得丰硕成果，整个县域治理体系和治理能力现代化水平显著提升。

七年的拼搏奋斗历程为兑现"三年脱贫、七年小康"军令状交上高质量答卷奠定了基础。形成了可学可借鉴的兰考减贫发展做法，该做法是中国之治在脱贫攻坚以及县域发展和县域治理层面的生动实践。其核心特点在于始终坚持以人民为中心的发展理念，坚持把脱贫攻坚作为头等大事和第一民生工程，坚持以脱贫攻坚统揽经济社会发展全局，坚持精准方略精细治理的高标准，坚持实践新发展理念的高要求；将脱贫攻坚与县域发展和县域治理紧密结合，以高质量发展体系及县域治理体系和治理能力现代化提升为脱贫攻坚提供有力支撑，同时在打赢脱贫攻坚战的过程中，推动县域经济高质量发展体系形成和县域治理体系完善、治理能力提升。

兰考的实践表明，践行以人民至上的执政理念，贯彻新发展理念，坚持以脱贫攻坚统揽经济社会发展全局，有利于破解长期以来困扰县域治理和县域发展的难题，有利于以问题为导向推动县域改革发展和稳定各项工作，有利于不断巩固党的执政基础，提升干部能力和素养。兰考减贫发展做法启示我们，中西部地区的市县坚持习近平新时代中国特色社会主义思想指引，树立正确政绩观，以解决困难群众忧心事、烦心事、操心事为出发点，以回应发展不均衡不充分社会主要矛盾为切入点，加强党的领导统揽经济社会发展全局，践行新发展理念谋划好县域发展和县域治理，是实现县域高质量发展及县域治理体系和治理能力现代化的有效路径。

第一章 交上"兰考答卷"

2017 年 3 月，兰考县和井冈山市成功实现整县脱贫。这意味着自 20 世纪 80 年代国家开启有组织推进的扶贫开发事业以来，中国贫困县的数量第一次实现了净减少，中华民族与贫困做斗争的历史翻开了崭新的一页。此后，在中国共产党的领导下，在习近平总书记亲力亲为的谋划、部署、推动、督战下，经过全党全国各族人民共同努力，全国其余 830 个国家扶贫开发工作重点县相继成功实现脱贫摘帽，这标志着我国完成了全面建成小康社会的历史任务，圆满实现了第一个百年奋斗目标，补齐全面建成小康社会的突出短板，开启全面建设中国特色社会主义现代化国家的新征程。党的十九届五中全会指出，未来五年是全面小康成果的巩固期，是全面建设中国特色社会主义现代化强国的筑基期，要做好巩固拓展脱贫成果，推动脱贫攻坚与乡村振兴有效衔接。作为全国率先脱贫摘帽的县，兰考最为完整地展现了脱贫攻坚战在县域层面所产生的多层面成效，同时其在脱贫摘帽后续扶持、巩固拓展脱贫成果、推动脱贫攻坚与乡村振兴有效衔接等诸领域形成的做法和经验，无疑对于相关市县做好"十四五"期间相关工作具有重要的启示意义。

第一节　触及灵魂的"兰考之问"

兰考具有悠久的建城历史，据历史学家考证，其地在春秋时为户牖邑，秦朝一统以后，在全国推行郡县制度，于县北置济阳县是兰考建县之始。公元前 140 年，汉武帝以此地建东昏县。公元前 5 年，汉光武帝刘秀生于县北济阳宫。9 年，改东昏县为东明县。1218 年，东明县县治被废为通安堡，新县治迁至黄河之北冤句县旧地。1232 年，以黄河之南地析置为兰阳、仪封两县。1783 年 3 月，考城县县治首次迁至兰阳县境内。1825 年，仪封县并入兰阳县，称"兰仪县"，仪封以乡隶之。1909 年，为避溥仪帝讳，改兰仪县为兰封县。1954 年 6 月，兰封县与考城县西部合并，以二县首字为名，称兰考县。

历史上兰考百姓饱受战乱①、水患②、风沙③、盐碱④之苦，常常食不果腹，每每颠沛流离。新中国成立以后，中国共产党领导兰考人民战"三害"、促生产，谱写了一部可歌可泣的奋斗史，形成了不朽的焦裕禄精神。兰考县，地处豫东平原，北依黄河，东临山东，位于九曲黄河最后一道弯，郑

---

①　兵家有云，得中原者得天下，兰地处中原腹地，因而历来为兵家必争之地。据考证，兰考在历史上有据可查的战争多达 1500 次，与兵祸、灾荒相伴的匪患则更是不可计数。

②　兰考县位于九曲黄河的最后一道弯，千百年来，黄河既滋养了兰考儿女，也不时侵袭百姓生产生活。据文献记载，截至新中国成立，黄河在兰考境内决口达 143 次，其中大的改道 8 次。每一次黄河决堤，都有无数的百姓被洪水卷走，他们的房屋、土地、财产被毁坏一空；每一次黄河决口，都是兰考人民的灭顶之灾。《兰考县志》载："每逢夏秋，城郭淹没，县治屡屡被迫搬迁，民鲜定居地。"

③　因地处西伯利亚冷空气南侵通道的咽喉地带，冬春多 8 级以上大风，强风卷走了土壤中的细微颗粒，留下了沙粒，沙粒积聚成活动性沙地与沙丘。

④　黄河冲积平原位于季风气候区，夏秋多暴雨，而黄河故道一带地形复杂，遍布沟槽、丘岗、堤坝与沙丘，雨水排泄不畅，形成诸多洼涝地带。因黄河侧渗与地势低下，兰考境内当时地下水位埋藏较浅，半干旱性气候下蒸发量远大于降水量，旱季盐分向土壤表层上移，形成盐渍化灾害，兰考逐渐变成了沙、涝、碱肆虐的重灾区。

州、商丘、菏泽三市的中心地带，是河南通往山东半岛的重要门户，是河南"一极两圈三层"中"半小时交通圈"的重要组成部分。从地理位置来讲，可谓中原要津，但长期以来，受自然地理条件、灾害等多重因素的限制和整个区域发展环境的影响，兰考县经济社会发展水平较低，始终未摆脱欠发达的局面。

2014 年，兰考县全县下辖 13 个乡镇，3 个街道，450 个行政村（社区），总面积 1116 平方公里，总人口 87 万，其中农村人口 77.29 万人。2002 年兰考县被列为国家扶贫开发工作重点县，当时全县有 8 个贫困乡，160 个贫困村，13.2 万贫困人口。2011 年被确定为大别山连片特困地区重点县时，全县还有 131 个贫困村，11 万贫困人口。据兰考县 2013 年政府工作报告，兰考县 2012 年全县人均 GDP 为 25235 元，仅居全省第 50 位，农民人均纯收入 5984 元，居全省第 90 位。2014 年 4 月，根据国务院扶贫办统一部署，兰考县启动了对全县贫困村和贫困户的建档立卡工作，以此"摸清底数"为后续的政策扶持提供决策依据。建档立卡共识别出贫困村 115 个，贫困人口 23275 户 77350 人，其中非贫困村贫困人口占 1/3。其中，因病致贫 8585 户，22996 人，占比 36.9%；缺资金致贫 5317 户，18439 人，占比 22.8%；缺技术致贫 3293 户，12007 人，占比 14.2%；缺劳力致贫 1447 户，3121 人，占比 6.2%；因残致贫 3396 户，15815 人，占比 14.6%；因学致贫 1089 户，4446 人，占比 4.7%；因灾致贫 148 户，526 人，占比 0.6%。按贫困户属性统计，其中一般贫困户 13374 户，45910 人，占比 63.3%；低保贫困户 5975 户，16982 人，占比 28.3%；五保贫困户 1774 户，2037 人，占比 8.4%。按劳动技能统计，其中普通劳动力 36275 人，技能劳动力 301 人，丧失劳动力 4484 人，无劳动力 23869 人。这一系列的数字，对于兰考来说都是沉甸甸的。

2014 年，兰考县被确定为习近平总书记第二批党的群众路线教育实践活动的联系点。当年 3 月和 5 月，习近平总书记两次亲临兰考，与兰考干部群众共商减贫发展大计，为做好兰考改革发展和县域治理把舵定向，作出重要指示，兰考县委县政府向习近平总书记立下"三年脱贫、七年小康"的军令状。在2014年3月18日的兰考县委常委扩大会议上，习近平总书记发表重要讲话，提出了发人深省的"兰考之问"，他说："焦裕禄同志在兰考工作只有一年多，但在群众心中铸就了一座永恒的丰碑。大家来这里学习，要深入思考这样一个问题：焦裕禄同志给我们留下了那么多，我们能为后人留下些什么？"①"兰考之问"是触及灵魂的，如何学习和弘扬焦裕禄精神，紧紧抓住发展机遇，补齐发展短板，解决好改革发展和县域治理的实际问题，让人民有实实在在的获得感、幸福感和安全感，是脱贫攻坚阶段兰考干部思考最多的问题。

2014年9月，兰考县委书记结合兰考实际深刻追问："为什么守着焦裕禄精神这笔财富，50年了经济仍比较落后，7万多人没脱贫？""精神如此富有的兰考县，为什么戴着一顶'国家级贫困县'的帽子？"围绕着如何准确认识兰考县域贫困与发展的形势与特点，县委县政府密集调研、分析研讨，发现兰考的贫困存在着多重短板因素。一是农业基础设施薄弱。农田水利设施建设标准低，配套能力差，抵御自然灾害的能力不强；农村电网配套设施不完善，供电不足；公路网络化程度低，等级差。二是工业化程度低。工业基础薄弱，缺乏大项目支撑，主导产业不突出，农民持续增收能力差。三是城镇化水平不高。村镇规划滞后，农村道路、排水、环卫、绿化亮化等基础设施亟待完善，城镇综合功能有待改善。四是农村社会事业发展滞后。义务教育基础设施落后，师资力量匮乏，教学条件简陋；农村卫生设施条件差，缺乏高水平的医务人员，不能满足群众就医需要；城乡社会保障水平低。五是贫困人口致富能力不足。贫困人口大都文化基础差，自我发展能力弱，无

---

① 《习近平总书记在河北、兰考两地调研指导党的群众路线教育实践活动报道集》，人民出版社2014年版，第16—17页。

产业基础，想发展项目，又缺乏启动资金，贷款信誉度又较低，贷款困难，致富能力不强。

不难发现，兰考县的贫困问题，是中原地区农业贫困县的典型代表，具有类似减贫与发展难题的，还包括豫鲁两省交界地带的开封、菏泽、商丘等地的一些县市。中原地区农业贫困县往往人口众多，县域经济以农业为主，并且粮食作物生产占据主导地位，农业商品化程度较低。同时，由于地理区位原因，这些县市远离区域经济中心，公路铁路交通较为不便，因而区域发展存在较高成本，工业和服务业占比不高，所能提供的非农就业岗位因而较为有限。此外，由于县域经济不活跃，县级财政自给度低，转移支付占据县域财政支出比重高，因而基础设施和公共服务投入能力较为有限。但从另一方面来看，近年来中部地区农业贫困县的发展环境有了较大程度的改善，迎来了推动县域经济社会发展的重要战略机遇期。主要表现在如下几个方面。一是2000年以来，国家密集部署了一系列推动中西部地区发展的重大战略，这些战略的实施，快速改善了中部地区农业贫困县发展的基础设施环境。二是随着沿海地区产业向中西部地区转移，中部地区一些县市在承接产业转移过程中为推动县域经济发展创造了历史性的机遇期。三是在新一轮城乡工农关系调整过程中，国家持续加大对农业农村领域的政策扶持，并积极引导城市工商业资本、金融资本向农业农村领域投入，特别是党的十八大以来，以习近平同志为核心的党中央高度重视打赢全面建成小康社会背景下的脱贫攻坚战，动员全党全社会以前所未有的力度推进，这为中部地区农业贫困县一揽子解决绝对贫困问题，推动县域经济可持续发展内生动力形成，提供了有力的保障和支撑。从兰考的实际情况来看，随着一系列国家战略的实施，兰考交通运输条件显著改善，区位优势明显，产业发展形成了较好基础，2013年经济总量达到193亿元、公共财政预算收入达到9.2亿元，2014年又成为省直管县，享有地级市的经济社会管理权限，可谓蓄势待发。

易言之，在全面建成小康社会的攻坚阶段，兰考迎来了解决贫困问题，实现县域高质量发展，提升县域治理能力，进而求解"兰考之问"的历史性机遇。按照习近平新时代中国特色社会主义思想，特别是习近平总书记关于扶贫工作重要论述和关于兰考工作重要指示的指引，将良好的发展机遇转化为实实在在的减贫成果，赢得人民满意和认可，兑现"三年脱贫、七年小康"承诺，是解答"兰考之问"的根本路径。

第二节　拼搏创新的"兰考之干"

补齐突出短板，回应民生之盼刻不容缓；抢抓发展机遇，促进改革发展时不我待。围绕着兑现"三年脱贫、七年小康"的军令状，兰考坚持以习近平新时代中国特色社会主义思想，特别是坚持以习近平总书记关于扶贫工作重要论述和关于兰考工作重要指示为指引，坚持以脱贫攻坚统揽经济社会发展全局；聚焦问题、立足特色优势、找准发展路子；聚焦目标、全神贯注、全程贯彻精准方略；多措并举、改革创新，有效激发内生动力；接续推进稳定脱贫奔小康，巩固拓展脱贫成果，推动脱贫攻坚与乡村振兴有效衔接，采取了一系列有力举措，全县上下齐心协力，拼搏奋进，全力以赴。

一、坚持统揽思维

党的十八大以来，以习近平同志为核心的党中央高度重视扶贫开发，习近平总书记亲自谋划、亲自发动、亲自挂帅全面建成小康社会背景下的脱贫攻坚战，围绕脱贫攻坚发表一系列重要讲话，作出一系列重要指示批示，为我们打赢脱贫攻坚战提供了根本遵循。习近平总书记关于扶贫工作的重要论述深刻阐述了扶贫开发的一系列重大问题，如：如何认识打赢脱贫攻坚战的重大战略意义，如何认识新时代中国农村的贫困问题，如何有效治理农村贫困问题，以及如何构建精准扶贫政策体系，如何设计贫困治理体系等根本问题。特别是习近平总书记多次强调，要以脱贫攻坚统揽经济社会发展全局，建立和完善"中央统筹、省负总责、市县抓落实"的扶贫开发管理体制，县级党委和政府承担主体责任，书记和县长是第一责任人，做好进度安排、项目落地、资金使用、人力调配、推进实施等工作。

县域是脱贫攻坚的"一线战场"，县一级需要结合中央脱贫攻坚的总体部署和县域扶贫开发工作实际，凝聚县域减贫、发展、治理的共识，合理安排工作进度，统筹好人力、财力、政策、项目等各项资源，并具体组织各项工作有序开展。同时，县域脱贫攻坚直接面对老百姓，是做具体的群众工作，人民群众能否从国家政策中有实实在在的获得感，是否在扶贫开发过程中增进对国家政策的认同和对执政党的真心拥护，很大程度上取决于县域脱贫攻坚工作做得是否扎实，是否有成效，是否扶到了点上、扶到了根上、扶到了心里。在实现"三年脱贫、七年小康"的过程中，兰考从思想认识统揽、组织力量统揽、发展实践统揽等方面，全面落实以脱贫攻坚统揽经济社会发展全局的思想和方法，构筑县域减贫治理的"攻坚体制"，不仅为脱贫摘帽奔小康提供了有力支撑，也同步实现了县域高质量发展体系的构建和县域治理体系和治理能力现代化提升。

（一）在思想认识上统揽

理念是行动的先导，在科学认识的基础上，才能形成有效的行动。兰考县高度重视提升全县党政干部对脱贫攻坚战重大意义的认识和政治站位，将加强理论学习，提升干部认识，建设脱贫攻坚思想体系，作为推动干部作风和能力建设的基础性工作。特别是将加强学习提高政治站位、凝聚思想共识、提升攻坚本领贯穿七年拼搏奋斗的始终。

通过深入系统、持之以恒的不断学习，兰考认识到脱贫攻坚是贫困地区补齐短板、实现小康的根本途径，更是通过精准扶贫转变干部作风、锤炼干部队伍、密切党群干群关系，夯实党的执政基础、实现"两个一百年"奋斗目标的战略安排。所以，必须坚定不移把脱贫攻坚作为兰考的头等大事和第一民生，所有工作都服从服务于脱贫攻坚。县委常委会每月专题研究脱贫攻坚工作，县委书记带头解读和宣讲总书记关于扶贫工作重要论述；县领导和行业部门负责人带头学精神、悟政策，到一线去解决问题；强化扶贫办职能，由以往的业务部门转变为综合协调、统筹指导的牵头部门，作用发挥充分彰显；乡镇班子成员每周日晚上提前到岗，会商研究下一周脱贫攻坚等重点工作；脱贫攻坚真正成为各部门共同参与的中心工作，成为提高八种本领的主战场，人人都是参与者、没有旁观者的合力攻坚氛围愈发浓厚。

可以说，正是在深入学思践悟习近平总书记关于扶贫工作重要论述的过程中，兰考县党政干部对脱贫攻坚的时代背景和伟大意义有了更充分的认识，对脱贫攻坚与县域改革发展和县域治理之间的关系形成了更清晰的理解，对如何践行精准扶贫精准脱贫基本方略找到了更明确的思路，对巩固拓展脱贫攻坚成果，推动脱贫攻坚与乡村振兴有效衔接，开启全面建设社会主义现代化强国新征程建立了更坚定的信念。用时任兰考县委书记的话来说，习近平新时代中国特色社会主义思想是兰考脱贫攻坚的根本遵循和指南，"当脱贫攻坚遇到困难时，当工作打不开局面时，当遇到新情况新问题时，就从习近平总书记的重要论述中找方向、找方法、找标准。只有这样，脱贫攻坚才能始终沿着正确方向前进，才能取得让群众满意的脱贫实效"。而这些学习成果则直接熔铸到脱贫攻坚的火热实践中，体现在兰考党员干部的作风转变和谋事干事中。

（二）在组织力量上统揽

打好脱贫攻坚战，组织体系是重要保障和依托，特别是要解决好责任体系和工作机制建设的问题。在推进精准脱贫过程中，兰考建立"书记县长负总责，四大班子齐上阵"的工作机制，由纪委书记牵头督导行业扶贫，统战部部长抓社会扶贫，宣传部部长抓移风易俗等，实现各自分管工作与脱贫攻坚精准融合。对脱贫攻坚工作推进情况每周进行调度，每月分析推进，实施"周例会月推进会"制度，切实研究和解决好抓落实"最后一米"的问题。按照习近平总书记提出的"五级书记"抓扶贫重要指示精神，书记、县长带头深入一线研究解决各类问题。分管县领导召开周例会研究落实本领域工作，下发一周重点工作安排，为乡镇（街道）、驻村工作队提供工作抓手和遵循。各乡镇（街道）党（工）委书记带领责任组长、村支部书记、村主任、驻村工作队员，入村走访建档立卡户，掌握实情，排查问题，完善提升。

组织力量统揽的系列举措，构筑起分工明确、高效协同的"抓落实"体制机制，为打赢精准扶贫"摘帽战"提供了有力支撑。同时，在实践中，兰考发现聚焦中心任务，在组织力量上统揽，不仅是实现精准扶贫工作目标的有效方式，也是新时代县域治理的有效经验。因此，在脱贫摘帽后，兰考继续巩固和拓展"摘帽战"的组织力量统揽经验，着重解决工作中出现的新问题。特别是持续强化"书记县长负总责，四大班子齐上阵"的工作机制，进一步完善"支部连支部"帮扶组织架构，确保组织力量不但不减，而且更强。实践证明，这些做法不仅确保稳定脱贫奔小康工作有坚实的组织基础，也成为锻炼干部、转变作风、提升能力的有效形式，成为推进县域治理体系和治理能力现代化的有效路径。

（三）在发展实践上统揽

近年来随着中国经济发展进入新常态，贯彻落实新发展理念，以供给侧结构性改革为主线，推动经济社会高质量发展成为推动新时代中国经济建设的基本理念。同时，以习近平同志为核心的党中央高度重视解决发展不平衡不充分问题，高度重视农业农村工作，相继部署实施一系列重大区域发展战略，相继启动实施脱贫攻坚战和乡村振兴战略，持续加大对农业农村，特别是贫困地区的政策、资金等投入，这些为兰考县摆脱贫困、奔向小康提供了重大的发展机遇。如何抢抓发展机遇，谋划县域脱贫与发展？如何在实践中坚持新发展理念，实现县域高质量发展？如何坚持好精准扶贫精准脱贫的基本方略，在脱贫攻坚进程中实现县域发展与精准扶贫有效结合？是兰考在谋划县域脱贫攻坚过程中率先思考的问题。

2014 年 3 月 18 日，习近平总书记在兰考县委常委扩大会议上发表重要讲话，就县域治理作出了"把强县和富民统一起来，把改革和发展结合起来，把城镇和乡村贯通起来"的重要指示，这为兰考县以脱贫攻坚统揽经济社会发展全局指明了方法路径。实践中，兰考坚持以"三个起来"的思想，谋划县域发展实践，将县域发展与脱贫攻坚有效结合。一是围绕"把强县和富民统一起来"，兰考县深入研究供给侧结构性改革，因地制宜找准选好产业发展路径，培育壮大了品牌家居制造、绿色畜牧、循环经济 3 个主导产业，推动建立城乡统筹、一二三产业融合发展的产业体系，带动贫困群众增收致富。二是围绕"把改革和发展结合起来"，兰考集中精力以改革创新释放发展活力，积极推进民生事业建设，着力构建县域改革体系和公共服务体系，提升群众的认可度、满意度、幸福感。三是围绕"把城镇和乡村贯通起来"，兰考坚持走具有地方特色的新型城镇化路子，在脱贫攻坚中同步推进城乡融合发展，统筹解决好"产、城、人"的协同发展，以城乡面貌的大改变提振发展信心、展示脱贫成效。在成功实现脱贫摘帽以后，兰考继续以县域治理"三个起来"、乡镇工作"三个结合"作为指导县一级科学发展和有效治理的根本遵循和方法论。提出做好巩固脱贫"后半篇文章"，必须坚持农业农村优先发展，促进县域经济和城镇化建设高质量发展，以改革创新激发内生动力，以强链补链增强产业带动能力，以人民生活持续改善展示脱贫成效。

二、践行精准方略

扶贫开发贵在精准，重在精准，成败之举在于精准。精准扶贫精准脱贫基本方略是习近平总书记关于扶贫工作重要论述的核心内容之一，是中国特色社会主义减贫理论的最新成果，是打赢全面建成小康社会背景下的脱贫攻坚战的根本方法。可以说，精准理念是否在县域脱贫攻坚实践中贯穿始终，是否落到实处，决定了脱贫攻坚的成效好坏。按照"六个精准""五个一批"的工作要求，兰考县下足"绣花功夫"，在解决好"四个问题"方面，采取一系列原创性、独特性的做法，探索出行之有效的减贫治理政策体系和工作机制。

（一）摸清底数，解决好"扶持谁"的问题

长期以来，贫困人口底数不清、情况不明，是制约国家减贫治理精细化、精准化程度提升的根本问题。解决好"扶持谁"的问题，找准贫困人口，掌握减贫与发展需求，并在此基础上形成科学合理的扶持方案，是精准扶贫精准脱贫基本方略的要义所在。2014年，被誉为精准扶贫"一号工程"的建档立卡工作在全国范围铺开。按照建档立卡的工作要求，县级层面的"精准识别"，需要严格按照国家贫困标准，结合地方贫困实际，形成具体的识别方案。从各地经验来看，贫困识别是否科学、规范，很大程度上决定了老百姓对精准扶贫工作的认可与满意度。

2014年，兰考县制定《兰考县扶贫开发建档立卡工作实施方案》，坚持实事求是原则，以农户收入为基本依据，统筹考虑住房、教育、医疗等情况，按照农户申请、民主评议、公示公告和逐级审核的方式，整户识别、精准到户，建档立卡。经过第一轮识别，全县共识别出贫困村115个，贫困人口7.7万人。与全国各地的情形比较类似，由于第一轮识别过程中，经验积累不足，干部认识和工作能力不强，识别的准确度并不理想。为

此，兰考县严格按照国家、河南省关于建档立卡贫困人口的标准条件，采取"四议两公开"的方法，对全县的贫困人口先后开展多次精准再识别。本着实事求是、有错必纠的态度，结合"两不愁三保障"的要求，坚持"应进必进，应出必出，应纠必纠"的原则，逐村、逐户、逐人"过筛子"，集中将精准识别结果及时录入贫困户建档立卡信息系统。同步建立"一户一档"，为实现精准脱贫奠定基础。此外，兰考县自我加压，县委县政府督查局组织170余人，对全县建档立卡贫困户精准度进行暗访式、网格式、地毯式等形式督查，对脱贫攻坚工作边督查整改、边反馈交办，并对整改情况进行"回头看"，确保精准识别工作实效。通过组织驻村工作队员、包村干部、村干部，严格按照识别标准和程序，多次对全县所有行政村逐户逐人拉网式排查，确保识别精准；集中将识别结果及时录入建档立卡信息系统，提高了档卡信息准确度；在全省率先开展标准化档案建设，规范乡村户三级档案体系，为精准施策提供了最基础资料。此外，在稳定脱贫奔小康阶段，兰考县依托国家和省精准扶贫信息管理平台，结合县域基层扶贫工作需要，基于一线应用，开发了贫困监测数据平台。将全县建档立卡户和边缘易致贫户基本信息、政策落实、增收措施、收入变化趋势等纳入贫困监测数据系统进行动态监测；实现了档卡资料的电子化，切实减轻基层负担。

（二）形成合力，解决好"谁来扶"的问题

国家精准扶贫的各项支持举措，如何有效传递到贫困社区和贫困农户，从而切实保证"两不愁三保障"的目标实现，是精准扶贫取得实效的关键。按照中央层面的顶层设计，兰考县在全县后备干部队伍中，遴选"驻村工作队"，选配"第一书记"。2014年，兰考县成立驻村扶贫工作领导小组，实行县级领导分包乡镇（街道）、科级干部当队长、科级后备干部当队员的驻村帮扶机制。2015年，对115个驻村扶贫工作队进行充实调整，在全县范

围内抽调345名后备干部和优秀干部派驻到115个贫困村，同时建立驻村工作管理机制。针对非贫困村缺乏帮扶的问题，2016年从各乡镇（街道）抽调335名优秀干部驻村专职从事基层党建和扶贫工作，确保每个贫困村都有帮扶工作队、每个贫困户都有帮扶责任人，做到不脱贫不脱钩，不拔穷根不撤队伍。

在"驻村工作队"以及"第一书记"选派和管理过程中，兰考县形成了全链条的制度体系。其一，明确脱贫攻坚主战场是培养、选拔、任用干部的主要渠道，形成明确的用人导向，精准扶贫工作实绩突出的后备干部，优先提拔任用。其二，强化驻村干部的能力建设，主要包括精准扶贫"应知应会"的多次轮训，农村工作知识和技能培训等，在培训过程中，注重"标兵"作用的发挥，注重实践经验与创新的分享和扩散。其三，理顺基层关系，压实各主体责任，形成合理机制。明确乡村两级党组织书记是脱贫攻坚的第一责任人，驻村工作队是"帮扶责任人"，并且赋予驻村干部在扶贫规划形成、扶贫项目实施、政策资源分配中一定的决策权。通过这些制度安排，驻村干部、乡镇干部、村"两委"形成了分工协作的合力机制。其四，扁平化政府管理体系，切实发挥好"干部下乡"的作用。在访谈中，县委组织部和督查局的同志不约而同地谈起，兰考的驻村干部不仅是政策的宣传员、服务的快递员，同时还是政府的信息员、政策的实验员、实践创新的发起者。通过畅达的信息反馈管理，脱贫攻坚一线的实际情况，得以及时地反馈到县级管理部门，有利于政策的持续优化。

在稳定脱贫奔小康阶段，兰考在巩固原有贫困村驻村工作队力量的基础上，对335个非贫困村明确一名乡镇优秀干部专职从事基层党建和扶贫工作，确保贫困村和非贫困村驻村全覆盖；根据稳定脱贫奔小康工作任务和要求，兰考县对驻村队员组织开展多轮次业务培训，增强了干部的担当精神和攻坚本领；通过强化工作队的政策、资金、生活保障，解除其后顾之忧，确保驻村工作队员"住得下、干得好、可带富"。

（三）精准施策，解决好"怎么扶"的问题

贫困治理是一项复杂的系统工程，有效的贫困治理需要充分发挥政治优势和制度优势，需要实现政府各部门的协同、联动，综合运用政府、市场和社会三种资源、三种手段，增进政策供给对差异化需求的有效回应。兰考在脱贫攻坚过程中，缜密布局、科学谋划，形成了合理、高效的脱贫攻坚治理结构。政府、市场、社会主体各司其职、各就其位，三种资源得到充分发掘，三种机制得到合理应用，最为广泛地凝聚了资源、合力，形成了各主体互相补位、有序参与的格局，为取得脱贫攻坚战的胜利，奠定了治理结构的基础。

在"三年脱贫、七年小康"过程中，兰考着力完善县域大扶贫的工作格局。具体来说，专项扶贫将扶贫对象细化分类，整合各类项目资金和措施，对不同类别的群众制定了 12 项有针对性的具体帮扶措施，为工作队提供了有效工作抓手；行业扶贫由纪检监察部门牵头负责，扶贫办厘清行业扶贫各部门的职责任务，实行清单式、台账化管理，确保基础设施建设和公共服务落到实处；社会扶贫由统战部门牵头，建立了以"爱心美德公益超市"为平台，以"巧媳妇"工程、人居环境扶贫、助学扶贫为支撑的"1＋3"社会扶贫机制，贫困群众"以劳动换积分、以积分换取所需物品"，实现了爱心帮扶也精准。

（四）稳定长效，解决好"如何退"的问题

精准扶贫精准脱贫，不仅要找准政策对象，开对治理贫困的"药方"，有序有效传递政策资源，更要把好"精准脱贫"关卡，让精准扶贫的成效经得起历史和人民的检验，赢得人民的认可。"精准脱贫"要确保解决好贫困人口"两不愁三保障"的问题，严格按照退出标准、退出程序，和老百姓一起算账，让贫困农户对脱贫"认账"。同时还意味着要提升内生发展动力，推出后续政策支持，让脱贫成效稳定长效，提升贫困村和贫困农户的自我发展能力。

兰考县高度重视"精准脱贫"工作。按照国务院办公厅《关于建立贫困退出机制的意见》和《河南省贫困退出实施办法》相关要求，结合自身实际情况，兰考县制定了《兰考县贫困退出工作方案》。贫困户退出方面，组织乡镇（街道）、村"两委"、驻村工作队、包村干部、帮扶责任人等工作力量，严格按照"1＋2＋3"的贫困户退出标准和相关程序，实施贫困户有序退出。贫困村退出方面，在省定贫困村退出"1＋7＋2"标准的基础上，自我加压，增加了脱贫后发展规划、帮扶规划、标准化档案建设、兜底户精神面貌改观、政策落实5项内容，形成了"1＋7＋2＋5"退出标准体系，并组织8个调查核实组、3个督查组、3个调研组，逐村逐项开展贫困村退出调查核实工作。这些举措，切实保证了贫困退出真实可信，赢得了百姓满意、认可和各界好评。在稳定脱贫奔小康阶段，兰考持续做好巩固拓展脱贫成果、提升脱贫质量工作，按照"四不摘"的要求，接续做好摘帽后续扶持。

三、激发内生动力

在县的层面，一个贫困县的脱贫，不能只靠外界的帮扶，而是要主动作为，以深化改革的思维和方法，破解制约县域发展的难题，打通政策落实、项目落地的"最后一公里"，从而实现将好的外部发展环境转化为实实在在的发展成果，以不断增强回应民生之盼、满足人民对美好生活向往的能力。对于兰考县来说，求解"兰考之问"，首在反躬自省，真正把焦裕禄精神找回来，让焦裕禄精神浸润兰考的县域发展和县域治理。鉴此，兰考县将学习和弘扬焦裕禄精神与脱贫奔小康工作紧密结合，深化县域各领域改革。一是深化督查体制改革。为促进各项扶贫措施有效落实，兰考县组建县委县政府督查局，坚持普查与重点抽查相结合，对精准识别、精准帮扶等脱贫攻坚各个环节进行全方位、多轮次督查，重点查一把手责任落实情况、扶贫资金到位情况、工作队工作纪律执行情况等，做到村村必进、户户必查。二是深化便民服务体系改革。构建三级便民服务体系，成立县、乡、村社情民意服务中心，实现畅通诉求渠道、收集社情民意、党委政府科学决策有机统一；整合乡镇（街道）的综治、公安、司法、信访职能机构人员，成立社会治理中心，建立引导、预防和化解社会矛盾的有效机制，全域推进移风易俗改革，引领社会新风尚，形成了集中统一、服务高效的社会治理体系。三是深化人事制度改革。充分盘活现有编制内资源，招聘选派体制内自收自支和差供人员充实到一线岗位，落实"能上能下、能进能出"的选人用人机制，解决基层人手不足问题，激发工作活力，使各级扶贫干部专心致力于扶贫，促进工作效率大幅提升。四是深化金融体系改革。探索建立金融服务、信用评价、风险防控、产业支撑的金融扶贫体系，有效助推产业发展；在全省率先以基金形式搭建投融资企业 PPP 股权合作新模式，为重点项目的顺利推进提供有力的资金支持。通过这些改革举措的实施，兰考县充分激活干部群体的谋事干事热情，有效疏通政策执行的"最后一公里"，政府服务意识和服务能力明显增强，各项要素的活力得以充分释放。毋庸置疑，这些主动作为的积极变化，不仅为各项工作有效落实打下了坚实基础，更树立了兰考发展新形象，有利于争取更多的项目入驻和资源进场，同时增进了兰考干部群众的自信心和满意度。

在村和户的层面，内生动力可以从两个层面理解。其一，扶贫开发仅仅依靠外部支持是不够的，贫困村和贫困农户是发展的主体，要摆脱"等靠要"的思想，积极参与到减贫与发展的过程中，通过自身努力与外部支持相结合，实现脱贫增收。其二，扶贫开发的过程，是帮助贫困地区、贫困社区和贫困人口改善发展环境、提升发展能力的过程，稳定脱贫意味着贫困地区、贫困社区和贫困人口逐步具备自我发展的能力。兰考县坚持将扶贫与扶智扶志相结合，注重内生动力的激发。一方面，保持干部队伍积极向上的精神面貌，激发干部干事热情，是兰考建设内生动力过程中首先解决的问题。另一方面，大力推进移风易俗，实施"五净一规范"等旨在改变贫困人口精神面貌的专项行动，在当地形成了奋发有为、以脱贫为荣的社会氛围，精神贫困问题得到了较为有效的治理。特别是，兰考注重系统性改善当地贫困村和贫困人口的内生发展能力，在贫困村层面，补齐各种基础设施和公共服务短板的同时，实施双提升工程，加强基层党组织的能力建设，夯实基层党组织引领发展的战斗堡垒作用，加强村集体经济建设，让村里公共事务有人关心、有人管、能管好。注重贫困农户的人力资本建设，帮助贫困农户建立稳定生计，建立家庭成长的支撑体系，有效防止返贫现象，提升脱贫质量。上述举措，体现了精准扶贫精准脱贫的深层次要求，即不仅要实现"两不愁三保障"等指标层面的要求，而且要整体性改变贫困地区、贫困社区和贫困农户的精神面貌，促进其自我发展能力的成长。

四、巩固拓展成果

在成功实现率先脱贫摘帽后，兰考并没有歇脚松气，而是在充分总结"三年脱贫"主要经验和有效做法的基础上，自觉对标对表查问题、找不足、补短板、强弱项，继续深入学习贯彻习近平总书记关于扶贫工作重要论述以及关于兰考工作重要指示精神，深刻认识到从精准脱贫到全面小康还存在不小的距离，必须持之以恒巩固拓展脱贫成果，坚持以稳定脱贫奔小康统揽经济社会发展全局。

在行动层面，兰考按照中央部署要求，严格落实"四不摘"，做好责任落实、政策落实、工作落实，把焦裕禄书记的"三股劲"贯穿始终。一是分层明责促责任落实。兰考县对脱贫攻坚的所有参与者进行岗责明晰，以人人明责促人人尽责，让每名干部帮扶有方向、有重点。明确科级以上干部侧重重点帮扶（确保户均有2项以上增收扶持措施、提升户容户貌达到

"五净一规范"和政策落实到位，以下简称"三项基本任务"），责任组、工作队、村"两委"成员侧重日常帮扶，双管齐下，确保帮扶到位。比如，县委书记、县长牢牢扛起第一责任人职责，做到以上率下；其他县级干部在抓好各自攻坚任务的同时，全部分包乡镇（街道）、重点村，以"百日住村"为抓手，帮扶剩余贫困人口中的"重点户"，确保完成"三项基本任务"。行业扶贫单位负责组建"1+1+1+2"（单位负责人＋主抓副职＋科室负责人＋2名工作人员）精通业务的专职扶贫队伍，乡镇（街道）组建"1+1+1+5"[乡镇党（工）委书记＋党（工）委副书记＋扶贫专干＋5名以上工作人员]专职扶贫队伍，重在工作落实；责任组长、村"两委"班子、驻村工作队统筹全村脱贫攻坚工作。二是把握标准促政策落实。兰考县持续整合资金加大投入，围绕解决"两不愁三保障"突出问题，在严格落实中央、省级扶贫政策的基础上，优化调整县级政策，持续开展"查补提"（查弱项、补短板、促提升）专项行动，确保各项政策精准落实到户到人。依托国家和省精准扶贫信息管理平台，结合县域基层扶贫工作需要，基于一线应用，开发了贫困监测数据平台。将全县建档立卡户和边缘易致贫户基本信息、政策落实、增收措施、收入变化趋势等纳入贫困监测数据系统进行动态监测；实现了档卡资料的电子化，切实减轻基层负担；将行业部门47类政策无缝对接，扶贫办定期筛查、分析、比对，发现异常问题交办行业部门、乡镇（街道）入户核实整改，实施分类针对帮扶；建立300万元防贫保险，针对因大病存在返贫和致贫风险的农户，及时进行针对性帮扶和救助，筑牢返贫和新致贫防线。三是建章立制促工作落实。脱贫摘帽后，围绕培养一支不走的工作队持续开展帮扶，建立"支部连支部"长效帮扶机制，开展"支部连支部、干部联到户"、领导干部"百日住村"活动，在基层组织建设、产业发展等方面持续开展驻村帮扶，集中攻坚解决问题；将扶贫扶志与文明创建相结合，持续开展"星期天·孝老爱亲饺子宴暨兰考文明户"、"好媳妇"、"好婆婆"、"文明家庭"评选及"接老人回家"等各类活动，既激发贫困群众内生动力，又弘扬社会新风尚。持续开展"5+N"主题党日活动，并将在脱贫攻坚中各级干部涌现出的典型评选为"焦裕禄式好干部"作为一项最高荣誉，将驻村帮扶中的优秀队员评选为"兰考标兵"，将脱贫攻坚工作中成绩突出的村评选为"四面红旗村"。通过这些激励措施，形成完整的脱贫攻坚正向激励体系，浓厚了"领导领着干、干部抢着干、群众比着干"的干事创业氛围。

五、做好有效衔接

做好脱贫攻坚与乡村振兴有效衔接，是接续推进"两个一百年"奋斗目标对农业农村工作的必然要求。脱贫攻坚是为了补上全面小康"三农"领域的突出短板，乡村振兴是新时代"三农"工作的总抓手，二者目标相连、任务相通、范畴相近，是我国实现社会主义现代化必须完成的两大重要战略任务。基于上述认识，兰考在稳定脱贫奔小康的布局谋划中，着眼于稳定脱贫与乡村可持续发展的接续，强调将脱贫攻坚中所形成的工作思路、治理理念、制度体系、发展路径等一系列行之有效的模式方法接续到乡村振兴中，通过产业、生态等"五个衔接"的深入推进，在全面打赢脱贫攻坚战、实现脱贫攻坚与乡村振兴有效衔接的实践与探索中兑现"三年脱贫、七年小康"的郑重承诺。稳定脱贫奔小康阶段兰考在不断取得脱贫攻坚新成效新进展的同时，着力在思路方法、城乡协同、"五个衔接"等方面做好县域稳定脱贫与乡村振兴的有效衔接，取得了良好的效果。

首先，在脱贫攻坚理念方法、治理体系的接续沿用中推进与乡村振兴的有效衔接。推进脱贫攻坚与乡村振兴的有效衔接，应注重脱贫攻坚过程中所形成的工作方法、理念制度在乡村振兴中的接续和转换。为此，兰考坚持以稳定脱贫奔小康统揽经济社会发展全局作为做好当前衔接工作的主线思路，牢固树立全面打赢打好脱贫攻坚战就是为乡村振兴开好头起好步的思想共识，做好抓党建引领脱贫与推动组织振兴相衔接，做好构建特色产业体系带动脱贫与推动产业振兴相衔接，做好完善减贫治理体系帮扶脱贫与推动治理振兴相衔接，做好激发内生动力主动脱贫与推动乡风振兴相衔接，通过将脱贫攻坚时期所形成的"三农"改革成果和乡村治理经验及时有效地转化为乡村振兴的各项制度抓手和县域实践策略，兰考走好了乡村振兴的"先手棋"。

其次，在城乡工农统筹发展、融合发展的要素整合中推进与乡村振兴的有效衔接。2018 年的兰考县政府工作报告明确指出要"坚持城乡统筹，建设乡村振兴新坐标"，随后编制的《兰考县乡村振兴战略规划（2018—2035年）》再次强调"城乡统筹，农村优先"的规划原则，这都表明兰考将积极促进城乡体系诸要素的自由流动和平等交换，实现城乡公共资源的合理有效配置，打造工农互促、城乡互补的扶贫格局，视为推进脱贫攻坚与乡村振兴有效衔接的重要途径。实践中，兰考综合利用、系统整合城乡要素资源，以改革创新思维破除阻碍要素流动的制度性壁垒，在产业扶贫、消费扶贫和就业扶贫方面，积极对接城乡消费需求和用工需求，着力发挥新型城镇化的带动作用，逐步形成了城乡产业深度融合发展、城乡公共服务均等化一体化的衔接新格局。

最后，在"五个衔接"提质扩面、做实做细的持续发展中推进与乡村振兴的有效衔接。围绕"五个衔接深入推进"的工作思路，兰考将推进稳定脱贫与乡村振兴有效衔接的具体工作拆解为五大类共 21 项分工合理、责任清晰、标准严格、流程顺畅、奖惩明确的任务体系。具体而言，通过构建特色产业体系、建立健全服务体系和形成品牌优势来推进乡村产业兴旺，通过推进厕所革命、开展污水治理、实施农村垃圾治理及综合利用、开展水系绿化工程和提升村容户貌为生态宜居奠定基础，通过加强思想道德教育、提高公共文化服务能力、开展移风易俗专项治理和全面实施四级文明创建来培育文明乡风，通过构建"一中心四平台"县乡治理体系、深化"一约四会"推进村民自治和实施"一警一堂一中心"建设法治乡村来实现乡村治理有效,通过持续保障充分就业、鼓励支持自主创业、办好人民满意教育、提升整体医疗水平、提高人民居住品质和健全养老服务体系来促进人民生活富裕。这些任务体系设置是兰考结合县域实际对国家顶层设计和省级各项政策安排的地方转化与落实,是符合兰考减贫发展现实和衔接乡村振兴需要的可操作的实践指引,是互为补充、协调一致的制度框架与政策安排,为兰考深入推进脱贫攻坚与乡村振兴的有效衔接提供了具体路径和体系保障。

六、推动县域高质量发展

脱贫攻坚不能仅仅理解为经济社会发展特定阶段的单项政策,更不是搞一阵风的运动式治理,而是系统推动欠发达地区进入高质量可持续发展的路径选择和战略谋划。换言之,脱贫攻坚就是要从根本上解决经济社会发展不平衡不充分的问题,通过强党建、兴产业、补短板等方式彻底改变一个地区的基层组织面貌、产业发展趋势和城乡发展格局,将其资源人口、产业结构、制度体系等各种要素通过脱贫攻坚实践纳入县域整体经济社会系统来考量,实现一体联动、统筹发展。基于上述认识,兰考县在三年脱贫时期坚持以脱贫攻坚统揽经济社会发展全局,在脱贫摘帽后仍持续以稳定脱贫奔小康统揽全县经济社会发展全局,明确提出"全面建成小康社会,必须持续探索县域治理新途径,以巩固拓展脱贫成果为基础,培育壮大产业体系,加快城乡一体化发展,深化改革、扩大开放,统筹推进经济社会全面发展"。

具体来说,兰考在严格落实"四不摘"要求的同时,结合自身县域实际以稳定脱贫为切入点规划设计了一系列统筹带动县域经济社会全面高质量发展的帮扶措施。其一,持续推进产业扶贫,通过加强供给侧结构性改革,积极优化产业布局,持续推进就业扶贫,重点加强与兰考产业体系相关的技能培训。兰考在脱贫摘帽后，主动做产业发展的减法，系统布局支撑县域发展的"3＋2"（品牌家居、绿色畜牧、循环经济＋智能制造、文旅培训）主导产业和"5＋5"特色扶贫产业，按照"龙头企业做两端、农民兄弟干中间、普惠金融惠全链"的工作思路，逐步推动县域科学发展、集约发展和创新发展。其二，持续加强基础设施建设，完善公共服务供给，补齐"三农"短板，推动城乡融合发展。按照习近平总书记"把城镇和乡村贯通起来"的要求，兰考坚持把城乡统筹发展与脱贫攻坚同步推进，按照中心城区"一环两轴、三带四心、四片区"、乡村地区"两环三片、六线多点"的规划思路，积极改善贫困群众生产生活条件，推动养老、教育、医疗等资源向农村倾斜，在为产业发展和就业扶贫提供软硬件保障的同时，也助力资金、技术、人才等要素向农村聚集，进而逐步实现新型城镇化和农业现代化的同步发展。其三，持续深化县域各项改革，破除体制机制障碍，建设县域经济社会高质量发展新格局。兰考以党建引领机制创新、落实责任机制创新、考核监督机制创新等一系列改革思维应对脱贫攻坚过程中的新问题，积极拓宽扶贫思路，以创新发展理念推动产电商扶贫、消费扶贫等扶贫模式转型升级，在以共享发展理念确保贫困群众共享改革发展成果的同时，进一步增强县域经济活力和发展后劲。

第三节　日新月异的"兰考之变"

习近平总书记强调："没有农村的小康，特别是没有贫困地区的小康，就没有全面建成小康社会。"①七年以来，兰考始终坚持以习近平总书记关于扶贫工作重要论述和关于兰考工作重要指示作为根本遵循和科学指引，始终

---

① 习近平：《做焦裕禄式的县委书记》，中央文献出版社 2015 年版，第 16 页。

坚持发挥党的领导在脱贫攻坚进程中的政治保障和组织保障功能，始终坚持以脱贫攻坚统揽经济社会发展全局，始终坚持以精准扶贫精准脱贫方略作为施策原则，通过发展壮大县域特色产业体系、系统推进新型城镇化体系、健全完善城乡公共服务体系等方式，兰考着力深化改革创新，积极培育稳定脱贫长效机制，做好脱贫攻坚与乡村振兴有效衔接，在不断推动县域减贫事业取得新进展、迈上新台阶的同时，县域经济社会全面高质量发展，县域治理体系不断完善治理能力不断提升。可以说，兰考七年的拼搏奋斗历程为兑现"三年脱贫、七年小康"的军令状交上高质量答卷奠定了基础，同时也形成了可学习可借鉴的兰考减贫发展做法。

一、脱贫攻坚的"兰考答卷"

"四访"兰考的跟踪研究过程中，专家团队最为突出的感受是，兰考的变化是全面且深刻的，在每次调研中，专家组总会收获新的激动、感动和触动。

这些激动、感动和触动首先来自精准扶贫精准脱贫的"兰考速度"和"兰考质量"。2014 年建档立卡之初，全县有贫困村 115 个，贫困人口 23275 户 77350 人，贫困发生率 10.2%。至 2016 年底，兰考贫困发生率就下降至 1.27%，具备了退出贫困的条件，两年时间成功减贫 6 万余人，不得不说是减贫治理的"兰考速度"，而这背后无疑是"中国之制"的有力支撑。成功实现脱贫摘帽以后，兰考不松劲、不松懈，继续坚持以"稳定脱贫奔小康统揽经济社会发展全局"，着力提升脱贫质量，巩固拓展脱贫成果，接续推进脱贫攻坚与乡村振兴有效衔接。2017 年底，兰考贫困发生率降至 0.89%；2018 年底，进一步降至 0.74%；至 2019 年底，剩余未脱贫户 3 户 10 人，当年全县完成生产总值 389.9 亿元，同比增长 8%，一般公共预算收入 25.2 亿元，同比增长 17.3%，建档立卡贫困人口人均纯收入达到 12124 元，比 2017 年 3 月摘帽时的 5421 元增长 6703 元；至 2020 年 11 月最后 3 户 10 人成功脱贫，标志着兰考兑现了"三年脱贫、七年小康"的军令状，实现了"不落一人"的全面小康。

表 1-1　兰考县 2014—2020 年脱贫人数和贫困户退出户数

年份	脱贫户数（户）	脱贫人数（人）
2014	5063	19360
2015	10843	37556
2016	5310	12675
2017	527	1490
2018	749	1406
2019	2457	5505
2020	3	10

这些激动、感动和触动还来自几年间兰考县域发展面貌日新月异的巨大变化，以及高质量发展体系初具雏形。在"三年脱贫、七年小康"的拼搏奋斗历程中，兰考县域经济体量迅速扩大，财政收入持续增长，经济结构明显改善，新型城镇化有序推进，农民生活水平稳步提高。全县国民生产总值由 2014 年的 213.95 亿元增长到 2019 年的 389.87 亿元，年均实际增长 9.61%；三次产业结构由 2014 年的 17.4∶47.1∶35.5 调整为 2019 年的 14.9∶45.3∶39.8，初步形成了以品牌家居、绿色畜牧、循环经济三个主导产业和智能制造、文旅培训两个特色产业为核心的产业体系。对照《河南省市县经济社会高质量发展考核指标办法》，兰考县有 12 项指标优于河南省平均水平。2019 年民间投资、技术改造投资占固定资产投资比重为 91%，同时期河南省平均水平为 71.2%，而全国平均水平为 62%。随着县域经济的发展，兰考财政实力不断增强，2013 年一般公共预算收入仅为 9.3 亿元，至 2019 年一般公共预算收入达 25.2 亿元，年均增速为 23.41%，居开封市第 2 位。在城乡协调发展方面，兰考县域城镇化率由

2014 年的 33.1%增长到 2019 年的 43.59%，居河南省第 8 位，提高幅度居于河南省首位；农村生活垃圾有效治理率达到 100%，居全省第一位，高于河南省平均水平 7 个百分点。农村生活污水处理率 41.13%，同时期河南省为 23%。参照全面建成小康社会评价体系，兰考县人均 GDP 比 2010 年翻一番目标已经实现，是 2010 年的 2.7 倍。服务业增加值占 GDP 比重超过 45%目标值，恩格尔系数为 30.2%，低于 35%既定目标。城乡居民收入人均比值为 2.1，优于既定 2.8 的目标值，农民人均可支配收入由 2014 年的 7545.2 元增长到 2019 年的 13126 元，农村人均可支配收入增速显著快于城镇人均收入增速（见图 1-3）。城乡居民人均住房面积达标率为 64.2%，高于 60%的既定目标。医疗保险、卫生发展指数、高中阶段毛入学率、5 岁以下儿童死亡率、农村自来水普及率、政府负债率、廉政指数、农村贫困人口累计脱贫率、城乡生活垃圾无害化处理指数、基层民主参选率、每万人拥有律师数、"三站一馆"覆盖率、广播电视综合人口覆盖率、单位 GDP 能耗及城市建成区绿化覆盖率等指标优于原定目标值。

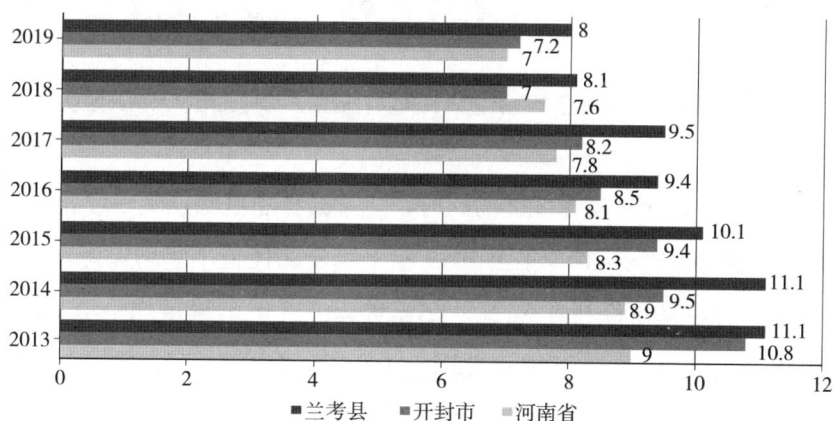

图 1-1 2013—2019 年兰考县、开封市、河南省生产总值增长速度（单位：%）

25

2014年

第三产业35.5%

第一产业17.4%

第二产业47.1%

2019年

第三产业39.8%

第一产业14.9%

第二产业45.3%

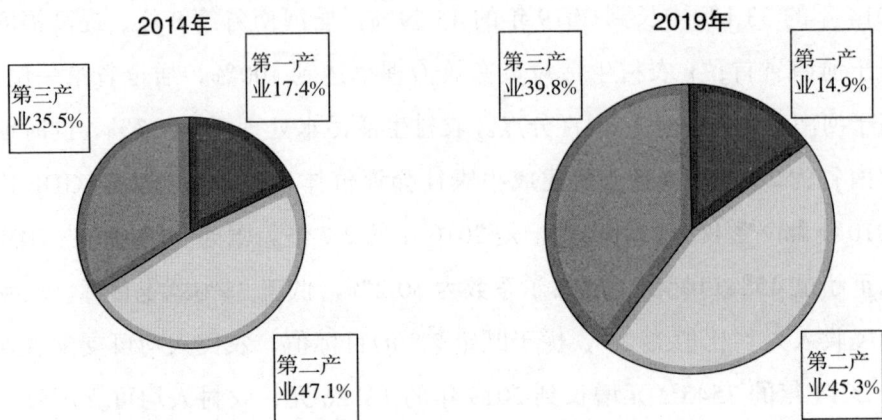

图1-2　2014年和2019年兰考县一二三产业比重

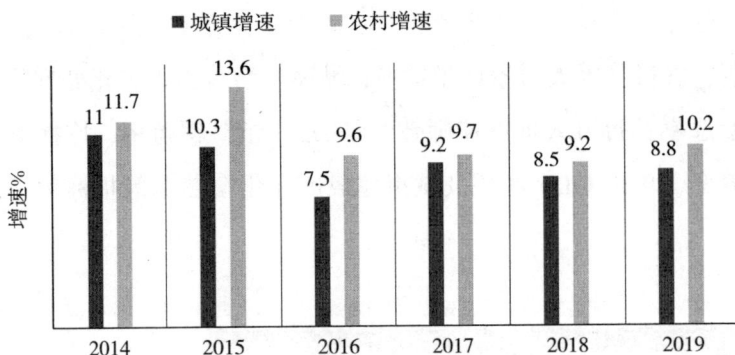

■城镇增速　■农村增速

图1-3　2014—2019年兰考县城镇居民和农村居民人均可支配收入增长速度

在县域经济快速高质量发展的同时，兰考县各项基础设施建设和社会事业发展取得长足进步。2013年至2019年干线公路优良率年均保持在90%，农村公路年均好路率保持在84%，交通货运、客运运输量均呈增长趋势，2019年货运运输量、客运运输量分别为1606万吨和515万人次。全县教育体系进一步完善。各类学校数和在校生数均有显著增长（见图1-4）且各阶段教育体系完备，2019年普通高中、初中、小学、特殊教育、幼儿园在校人数分别比2013年增长5431人、2469人、14352人、278人和26364人。

医疗卫生事业显著改善。2019年全县共有医疗卫生机构33个，共有卫生技术人员5931人，其中临床医生2095人、注册护士2185人、药剂人员223人、技师406人、其他卫生专业人员1022人，现有病床6003张。县域社会保障体系建设基本完善。2019年城乡居民医保参保人数79万人，参合率达到98%，其中城乡养老保险参保人数、工伤保险参保人数、生育保险参保人数均呈增长趋势。

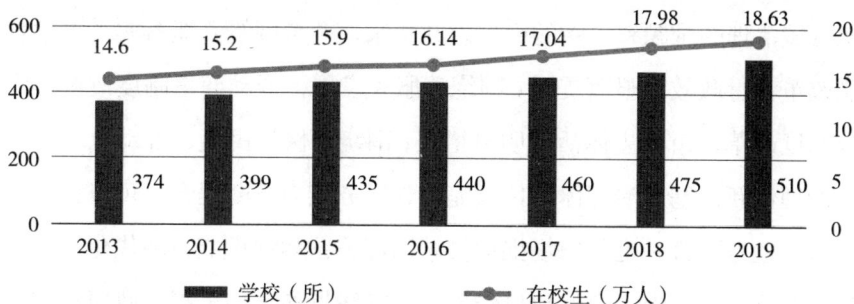

图1-4 2013—2019年兰考县各类学校数和在校生数

这些激动、感动和触动同时来自在"三年脱贫、七年小康"的拼搏奋斗中，兰考县域治理体系和治理能力现代化迈出了坚实步伐。在调研组对兰考研究的"备课"中，遇到一则故事令人深思。2009年河南省委政研室一位同志带队到兰考调研后认为，当时的兰考谋发展、谋事业热情不足，工作缺乏思路和方法；不愿干、不敢干、不会干的懒散状况和畏惧心理，以及眼高手低的做派普遍存在，组织干部群众到外地考察，"听了不信，看了不服，回来不干"①。而在专家团队几轮对兰考脱贫攻坚期间引进企业的走访中，听得最多的是之所以选择落户兰考，除了当地的资源特色之外，最吸引人的是兰考政府对企业服务做得好。TATA木门兰考负责人谈到，从立项建设到开

---

① 《兰考：会它千顷澄碧》，《求是》2019年第1期。

工运营，仅仅用了三个月的时间，这在企业发展历史上是最快的速度。而今每个落户兰考的企业，都有首席服务官，企业吹哨部门报到的机制已经日趋完善。这些变化是近年来兰考着力推动"商事制度"改革的成果，"放管服"改革，优化营商环境，为兰考引进了一个又一个带贫企业，也促进了县域产业体系高质量发展，更推动了政府治理、市场治理水准的提升。在兰考，县域各项工作都是围绕着"三年脱贫、七年小康"目标展开，通过不断改革创新，破除体制机制障碍，激活生产要素，营造良好发展氛围的过程中，长期困扰县域治理的难题有了新的突破。几年来，兰考围绕着抓落实，推动督查体制改革，行政效率显著提升；围绕着服务发展，推动商事制度改革、农村产权制度改革，市场主体活力明显增强；围绕着保障民生，推动社会服务和社会治理创新，基层治理体系持续完善，服务能力不断提升。可以说，脱贫攻坚对于兰考而言，也是一场推动县域治理体系和治理能力现代化提升的攻坚战，在这一过程中，党的建设作为一条红线贯穿全局全程，政府治理、市场治理、社会治理各领域都取得了突破性进展。

这份激动、感动和触动或许最深层次是来自于调研组"四访"兰考所感受到的兰考百姓的梦想和兰考干部的干劲。"初访"兰考时，时任县委书记在与研究团队专家座谈时打了个比方，说脱贫攻坚是推动县域治理的有力抓手，就好像"摇拖拉机"，一开始非常吃力，慢慢带动引导才能逐步转起来，但"发动机"转起来以后，大家都习惯了高标准、高要求，谁都停不下来了，"干部抢着干、群众比着干"的势头逐渐起来了。在后面三次兰考调研中，很多干部在访谈中都是在介绍接下来打算咋干。调研中，我们在仪封镇代庄村见到了返乡创业的代玉建书记，他最早回到村里，动员村民发展大棚生产，大家心里都有顾虑。代玉建就自己先种，种起来当年就挣了钱，村民们的热情一下就被点燃了。现在的代庄，家家户户都在想着怎么把大棚管理好，把产业发展好。而乡镇干部则已经开始思考，兜里有钱了并不是说村里就和谐了，社会风气就好了。到村调研的郭芳书记告诉我们，仪封是"封人请见夫子"的故地,深受儒家思想浸染,民风淳朴,我们要让这种良好的乡风民风能够传承和弘扬,让孩子们从小就有好环境、好榜样。行走在代庄的寻常街巷,车来人往,无一人按喇叭催促行人。红庙镇的李青书记说乡镇工作就是服务,服务老百姓的需要,服务企业和市场主体的需求,这就要求全面加强服务型政府建设,为此红庙镇每家每户、每个企业都张贴着乡村干部的通讯录,村里矛盾少了,企业经营更顺畅了。而驻扎式调研组说,杜寨村的李永健书记跟组员聊起"数字农业",希望通过"互联网+数字农业"的形式,推动杜寨的蜜瓜产业进一步转型升级,按照社区支持农业的形式发展订单化的生产,让蜜瓜产业能够搭上数字经济的快车。有这股劲儿,兰考的明天肯定会更好。

二、兰考减贫发展做法

兰考率先成功脱贫摘帽、基本实现"一个都不能少"的底线目标、稳步推进县域经济结构转型升级实现高质量发展的典型案例充分表明,坚持以脱贫攻坚统揽贫困地区经济社会发展全局,是开拓贫困地区新的发展局面,增强贫困地区经济活力和发展后劲的有效路径与应然选择。脱贫攻坚是一项系统性工程,需要长期统筹协调各部门、各领域在诸多环节以交错复杂的方式开展通力协作,形成贫困治理合力。因此,必须坚持系统思维,将减贫治理纳入经济社会发展的全局来进行整体谋划和有序推进。对于县一级而言,就是要将新发展理念贯穿于脱贫攻坚全过程各领域,因地制宜地"找准发展的路子",使县域人力、财力、项目、政策等各项资源和各项工作都能实实在在地转化成为可持续、可共享的减贫与发展成果。

基于上述思路,历经"三年脱贫、七年小康"的实践探索,兰考逐步形成了可学习可借鉴的县域减贫发展做法。兰考县域减贫发展做法是习近平新时代中国特色社会主义思想特别是习近平总书记关于扶贫工作重要论述在县域实践中生成的科学成果,是习近平总书记关于扶贫工作重要论述科学性和有效性的充分证明，是中国共产党领导和我国社会主义制度政治优势的充分彰显，是中国之治在脱贫攻坚以及县域发展和县域治理层面的深刻体现，具有深厚的中国特色、中国气派，呈现出显著不同于既往县域发展方式的新气象、新特点，折射出新时代县域发展和县域治理的一般规律，颇具有示范意义。其核心要旨在于，在县域精准脱贫的实践进程中，始终坚持以人民为中心的发展思想，坚持把脱贫攻坚作为头等大事和第一民生工程，坚持以脱贫攻坚统揽经济社会发展全局，坚持精准方略精细治理的高标准，坚持实践新发展理念的高要求，将脱贫攻坚与县域发展和县域治理紧密结合，在县域层面统筹推进"五位一体"总体布局、协调推进"四个全面"战略布局，以县域高质量可持续发展和县域治理体系和治理能力现代化提升为脱贫攻坚提供有力支撑，同时在打赢脱贫攻坚战的过程中，不断推动县域经济社会高质量全面发展、县域治理体系不断完善治理能力不断提升。

　　具体而言，兰考减贫发展做法具有如下特点：第一，坚持以习近平新时代中国特色社会主义思想为根本遵循。习近平总书记关于扶贫工作重要论述立意高远、思想深刻、内涵丰富、逻辑严密，是彻底消除绝对贫困、开启相对贫困治理的根本遵循和科学指南，在县域层面学习贯彻、用活用好习近平总书记重要指示精神，既要"接天线"又要"接地气"，要用习近平总书记关于扶贫工作重要论述体悟、贯彻、落实中央和省市的各项政策和工作部署，要用习近平总书记关于扶贫工作重要论述指引、领导、督促乡镇、社区的各项事业，更要用习近平总书记关于扶贫工作重要论述统筹处理好脱贫攻坚同县域全局、县域治理、县域发展之间的关系。第二，统筹处理好脱贫攻坚与县域全局之间的关系。脱贫攻坚不是一项就事论事、见钉砸钉的独立事业，而是既需要全社会各领域共同发力，同时又补齐全社会各领域各类不平衡不充分发展"短板"的全局性工作。可以说，在县域层面把扶贫开发工作纳入"五位一体"总体布局和"四个全面"战略布局，将脱贫攻坚作为县域全局性工作的总抓手，是完成全面建成小康社会、实现第一个百年奋斗目标底线任务的紧迫性需要和阶段性必然。第三，统筹处理好脱贫攻坚与县域发展之间的关系。每个人的自由发展是一切人的自由发展的条件，低质量不平衡的发展不是真发展，没有找准发展路子的脱贫也不是真脱贫。因此，在县一级需要谋求县域经济社会不断发展以持续统合各类资源要素投入帮扶，还需要谋求产业扶贫、就业扶贫等多种形式的不断深化以摆脱区域贫困、助力县域发展，最终实现城镇与乡村、工业与农业、资本与劳力的共赢共享发展和高质量可持续发展。第四，统筹处理好脱贫攻坚与县域治理之间的关系。实现顶层设计与基层实践的紧密契合，按照精准脱贫的高标准要求，将各项政策、资金、服务与贫困人口的需求精准匹配，必须要有相对完善的县域治理体系相对较高的县域治理能力。以脱贫攻坚为契机，加强和巩固县域党的领导、改革和创新县域体制机制、健全和完善县域组织体系、培育和强化县域服务能力，促进县域治理体系不断完善治理能力不断提升，从而为精准脱贫的深入推进提供进一步的保障，同时也为县域经济社会高质量全面发展保驾护航。

第二章　坚持统揽全局

　　消除贫困，改善民生，是社会主义的本质，是全面建成小康社会的底线目标。在新时期脱贫攻坚战中，"中央统筹、省负总责、市县抓落实"①的扶贫开发管理体制是国家贫困治理体系基本的结构安排。县一级需要结合国家脱贫攻坚的总体部署和县域扶贫开发工作实际，合理安排工作进度，统筹好人力、财力、政策、项目等各项资源，并具体组织各项工作有序开展。同时，县域脱贫攻坚直接面对老百姓，直接做群众工作，人民群众能否从国家政策中有实实在在的获得感，是否在扶贫开发过程中增进对国家政策的认同和对执政党的真心拥护，很大程度上取决于县域脱贫攻坚工作做得是否扎实，是否有成效，是否扶到了点上、扶到了根上、扶到了心里。

---

　　① 具体为：党中央、国务院主要负责统筹制定扶贫开发大政方针，出台重大政策举措，规划重大工程项目。省（自治区、直辖市）党委和政府对扶贫开发工作负总责，抓好目标确定、项目下达、资金投放、组织动员、监督考核等工作。市（地）党委和政府要做好上下衔接、域内协调、督促检查工作，把精力集中在贫困县如期摘帽上。县级党委和政府承担主体责任，书记和县长是第一责任人，做好进度安排、项目落地、资金使用、人力调配、推进实施等工作。参见《中共中央　国务院关于打赢脱贫攻坚战的决定》，2015 年11 月 29 日。

第一节　党建引领促攻坚

全面建成小康社会背景下的脱贫攻坚战，"一线战场"在县域，能否高质量打赢832个县脱贫摘帽的攻坚战役，决定了中央既定战略部署是否能够实现，决定了全面建成小康社会的庄严承诺能否赢得人民的认同。实践层面来看，打赢脱贫攻坚战补齐全面建成小康社会突出短板，为开启建设社会主义现代化新征程打好基础，时间紧、任务重，质量要求高，必须充分发挥好中国特色扶贫开发道路的政治优势，即坚持党建引领，抓党建促脱贫。对于兰考而言，抓好党建引领具有突出重要的意义，既是打赢脱贫攻坚战的根本保障，又是学习和弘扬焦裕禄精神，实践党的群众路线的必然要求。

一、凝聚思想共识

科学认识是有效行动的先导，认识的深度决定了工作的力度。兰考在脱贫攻坚奔小康过程中，始终重视思想体系建设工作，强调必须提高政治站位，切实筑牢脱贫攻坚奔小康的思想基础。

（一）坚持以习近平总书记关于扶贫工作重要论述为指引

2014年，习近平总书记将兰考县作为第二批党的群众路线教育实践活动联系点，并于3月17日至18日前往兰考调研指导工作。在焦裕禄干部学院与在此学习的兰考县部分乡村干部座谈时，习近平总书记语重心长地提出了著名的"兰考之问"："焦裕禄同志在兰考工作只有一年多，但在群众心中铸就了一座永恒的丰碑。大家来这里学习，要深入思考这样一个问题：焦裕禄同志给我们留下了那么多，我们能为后人留下些什么？"对照习近平总书记的"兰考之问"，兰考县委书记在民主生活会上代表兰考县委班子进一步深刻反思："精神如此富有的兰考县，为什么戴着一顶'国家级贫困县'的帽子?"毫无疑问,"兰考之问"是触及灵魂的,给兰考各级干部带来了心灵的触动和深刻的反思,而兰考"三年脱贫、七年小康"的拼搏奋斗,则是不断探索求解"兰考之问"的过程。

第一,深学细悟习近平新时代中国特色社会主义思想,特别是习近平总书记关于扶贫工作重要论述以及习近平总书记关于兰考工作的重要指示,提升政治站位和攻坚本领。习近平新时代中国特色社会主义思想是打赢脱贫攻坚战的强大真理力量,兰考县在实践中一以贯之地将其作为脱贫攻坚的根本遵循,不断加强对其丰富内涵和精神实质的学习。回顾兰考脱贫攻坚奔小康的实践,最鲜明的特色就是"坚定不移地把习近平总书记关于扶贫工作的重要论述学懂弄通、落实弄细。当脱贫攻坚遇到困难时,当工作打不开局面时,当遇到新情况新问题时,就从总书记的重要论述中找方向、找方法、找标准"。为了充分准确领会习近平新时代中国特色社会主义思想的深刻内涵,兰考县注重对习近平新时代中国特色社会主义思想的系统性、深入性及持续性学习:深入学习领会习近平总书记关于扶贫开发系列重要讲话精神和中央规定必读"五本书"、习近平总书记亲临兰考调研指导时的重要讲话、习近平总书记参加河北省委班子专题民主生活会的新闻报道和中央电视台《焦点访谈》专题片、习近平总书记关于要坚决防止用形式主义来反对形式主义等问题的重要批示精神等。在抓牢理论学习的同时,兰考县不断强化各级干部业务能力的培训。如通过讲授脱贫攻坚专题党课、召开"千人大会"、定期举办扶贫干部培训班等方式提升各级党员干部对脱贫攻坚重大战略意义,统一对县域精准扶贫政策部署、工作重点、分工安排的认识。通过这些系统的学思践悟活动,兰考县实现了让习近平新时代中国特色社会主义思想,特别是习近平总书记关于扶贫工作重要论述和习近平总书记关于兰考工作重要指示,成为县委县政府以及各级干部谋事干事的自觉遵循。在成功实现脱贫摘帽后,兰考保持了清醒的认识和定力,提出脱贫摘帽不是终点,全面小康仍需拼搏,要不断巩固脱贫成果提升脱贫质量,推动脱贫攻坚与乡村振兴有效衔接，为全面乡村振兴打下坚实基础。这些正确的认识，为兰考接续推进脱贫摘帽奔小康筑牢了思想基础。

第二，找准干部思想认识上的顽疾，克服"懈怠"思想。"兰考之问"之前，部分干部存在思想松懈、工作懈怠的问题，缺乏主动性，"推推走走，不推不动"；工作缺乏标准意识，以"差不多"作为工作完成的目标；干劲不强，在部分事务中存在"人叫人不动"的被动局面。① 只有根除思想认识上的顽疾，才能实现作风的转变。兰考县深入贯彻习近平总书记在兰考县委民主生活会"标准要定得高、尺子要把得严、功夫要下得深"的要求，深查细照剖析检查，直面问题所在，多种形式查摆问题，找出差距，寻找方法。一是群众提，通过开通民心热线、设立意见箱、网上征求意见等方式打通干群关系"最后一公里"，并注重从群众反馈的意见建议中查找自身问题；二是自己找，县委班子及成员通过撰写对照检查材料的方式，深刻剖析自身存在的问题，并从理想信念、宗旨意识、党性修养、担当责任等方面深层次反思自己的问题产生的根源；三是上级点，注重听取省委书记、省委、组织部部长、省委督导组组长、开封市委书记等领导的批评意见，并通过主动亮明问题的方式实现交流过程中的坦诚与深入，从而扭转了部分同志的"任务"意识和"过关"思想；四是互相帮，县委常委之间通过多次一对一谈心交心，坦诚交流，互相查找问题；五是集体议，在民主生活会上县委常委通过自我批评与互相批评的方式直指问题所在，见筋见骨的批评方式抛开了面子，让人人都红了脸、出了汗，但也搓下了思想中的泥垢，解决了思想中的深层次问题。在脱贫攻坚初期，存在"一部分人在干，一部分人在看"的局面，如"领导着急，干部不着急"或"驻村干部在干，其他同志在看"。

通过对习近平新时代中国特色社会主义思想的深入系统学习，特别是深学细悟习近平总书记关于扶贫工作重要论述以及习近平总书记关于兰考工作

① 《两年完成九成脱贫任务——兰考从大考到大干》，《人民日报》2016年3月28日。

的重要指示，兰考县形成了对脱贫攻坚意义的正确认识，深刻理解了脱贫攻坚是贫困地区补齐短板、实现小康的根本途径，更是通过精准扶贫转变干部作风、锤炼干部队伍、密切党群干群关系，夯实党的执政基础、实现"两个一百年"奋斗目标的战略安排。思想是行动的先导，在形成了正确认识之后，兰考县坚定不移地把脱贫攻坚作为兰考的头等大事和第一民生，将所有工作围绕服务于脱贫攻坚奔小康开展。县委常委会每月专题研究脱贫攻坚工作，县委书记带头解读和宣讲习近平总书记关于扶贫工作重要论述；县领导和行业部门负责人带头学精神、悟政策，到一线去解决问题；强化扶贫办职能，由以往的业务部门转变为综合协调、统筹指导的牵头部门，作用发挥充分彰显；乡镇班子成员每周日晚上提前到岗，会商研究下一周脱贫攻坚等重点工作；脱贫攻坚真正成为各部门共同参与的中心工作，成为提高八种本领的主战场，人人都是参与者、没有旁观者的合力攻坚氛围愈发浓厚。

（二）学习弘扬焦裕禄精神与脱贫攻坚有效结合

兰考县位于河南省"三山一滩"的黄河滩区，黄河干流自孟津以西夹山区域流入平原地区的过程中，水流放缓泥沙淤积，形成较高的河床和地上悬河。历史上黄河下游数次改道，由于历次治理河道，在主河槽和大堤之间形成了 2714 平方公里的黄河滩地，兰考县东坝头至濮阳高村河段，滩地面积 386.47 平方公里①。黄河滩区由于受到水患的影响，农业发展较慢，新中国成立以来，黄河下游滩区较严重的漫滩有 29 次，洪灾最严重的四次分别发生在 1958 年、1976 年、1982 年、1996 年，前三次东坝头以下低滩区全部上水，1996 年洪水时东坝头以上也大部分上水，每次水灾受灾耕地为 100 万—146 万亩。由黄河水患带来的风沙与盐碱问题，侵蚀着兰考的土地，兰考人民生

---

① 杜军伟：《河南三山一滩农村扶贫开发问题研究》，华中师范大学博士学位论文，2015 年。

产生活饱受内涝、风沙、盐碱"三害"之苦。新中国成立后，各级党委政府高度重视兰考治理"三害"工作。焦裕禄来到兰考任县委书记后，带领兰考的干部群众开展"三害"治理，有效遏制并扭转了生态恶化的趋势。与"三害"斗争的过程，构成了兰考的扶贫特殊经历，也铸就了不朽的焦裕禄精神。焦裕禄精神概括为"亲民爱民、艰苦奋斗、科学求实、迎难而上、无私奉献"。其核心在于始终牢记党的宗旨，坚持人民至上的理念，"心里装着全体人民，唯独没有他自己"。他常说："我们不是人民的上司，我们都是人民的勤务员，必须同人民群众同甘苦、共患难。"焦裕禄书记是这样说的，更是这样做的，他顶风冒雪、强忍肝痛走村串户、访贫问苦，为群众排忧解难，把党的温暖送到群众的心坎上，焦裕禄以实际行动生动地诠释了共产党人亲民爱民为民的价值取向。学习弘扬焦裕禄精神，具体来说，就是学习弘扬他"心中装着全体人民，唯独没有他自己"的公仆情怀，凡事探求就里、"吃别人嚼过的馍没味道"的求实作风，"敢教日月换新天""革命者要在困难面前逞英雄"的奋斗精神，艰苦朴素、廉洁奉公、"任何时候都不搞特殊化"的道德情操①。在焦裕禄精神指引下，兰考干部群众赢得了治理"三害"的胜利，也为兰考持续与贫困做斗争，追求美好生活提供着不竭的力量。

兰考县是习近平总书记第二批党的群众路线教育实践活动联系点。习近平总书记两次来兰考视察指导工作，三次听取县委工作汇报，多次了解活动进展情况，作出了一系列重要讲话和重要指示。兰考县牢记习近平总书记嘱托，将群众路线教育实践活动与弘扬焦裕禄精神打赢脱贫攻坚战相结合。

第一，"深学、细照、笃行"焦裕禄精神。县委常委带头认真学习焦裕禄精神的基本内涵，阐释焦裕禄精神的时代意义，强调要学习弘扬焦裕禄书记对群众的那股亲劲、抓工作的那股韧劲、干事业的那股拼劲。县委理论学习中心组坚持一字一句学言论，一点一滴学事迹，重点围绕公仆情怀、求实

---

① 习近平：《做焦裕禄式的县委书记》，中央文献出版社2015年版，第38—41页。

作风、奋斗精神、道德情操4个专题开展深入讨论，深刻领会群众路线的本质要求，准确把握改进作风的目标重点。通过系列学习活动，全县党员干部从焦裕禄书记身上再一次领悟了群众路线的真谛，升华了思想境界，提振起强大的精神正能量。兰考县党员干部深刻认识到，焦裕禄精神为打赢脱贫攻坚战提供了强大的精神力量，践行精准方略恰恰是新时代焦裕禄精神的生动体现。

第二，强化干部作风建设。一是深入开展"六问六带头"，教育引导全县党员干部在脱贫攻坚过程中，自觉地学习弘扬焦裕禄同志的"三股劲"践行"三严三实"，争做焦裕禄式好党员好干部，切实解决"深学不够""细照不够""笃行不够"的问题，把焦裕禄精神这一传家宝珍惜好传承好，把学习弘扬焦裕禄精神这份责任履行好。二是以焦裕禄精神为镜深查细照。组织全县各级党员干部开展"六问六带头"，自觉把焦裕禄精神作为查摆问题的一面镜子，认真对照焦裕禄精神，从里到外、从上到下，主动反思公仆情怀深不深、求实作风好不好、奋斗精神足不足、道德情操高不高，深入查找思想境界、素质能力、作风形象等方面的差距和不足。三是以焦裕禄精神为尺践行"三严三实"。此外，以焦裕禄精神为标杆，县委常委带头向全县人民公开做出"十项承诺"；参照51年前焦裕禄书记起草制定的《干部十不准》，专门制定出台新的党员领导干部"十不准"；对照中央八项规定、省委省政府20条意见等有关要求细化具体化，制定《兰考县党员领导干部工作生活细节95条规定》，把改进作风的要求落实在平常，培养积极健康的生活方式和个人情趣。通过干部思想建设、作风建设、规范建设，兰考干部精神面貌和实干精神焕然一新，赢得了老百姓的好评和信任。

第三，把弘扬焦裕禄精神与践行精准方略有机结合。鼓励和支持党员干部注重到基层去、到群众中去、到服务对象中去，走上门主动去听，敞开门请进来提，顺着民声民怨查，对照职能职责认真找，确保真听意见、听真意见。采取登门征集、谈心征集、会议征集、热线征集、网络征集等多种渠道，入村住户与老百姓共商脱贫大计。开展"三问五看"。县乡党员干部分别利用2—3天时间，到联系点入村住户调研，与群众田间地头话家常，同吃同住听意见，重点开展"三问五看"，即问群众最困难的事情是什么，问群众最不满意的事情是什么，问群众最期盼解决的事情是什么，通过基层看问题、通过群众看干部、通过民意看差距、通过工作看作风、通过下级问题看自己的问题。分类整理"梳辫子"。对听取到的意见建议，下去一把抓、回来再分家，搞好分类"梳辫子"和原汁原味对口反馈，涉及哪个单位、哪个人的意见，哪个单位、哪个人就主动认领，使所有问题都对应到事到人。

第四，把焦裕禄同志的好经验移植到脱贫攻坚领域。结合脱贫攻坚时期的形势与任务，兰考围绕脱贫攻坚、党的建设、产业发展、美丽村庄4项重点工作，开展重树"四面红旗"全面加强基层组织建设活动。通过典型示范引领，激发全县基层党员干部的干劲和决心，树立"比、学、赶、超"的竞争意识，带动全县农村各项工作整体上水平、上台阶。可以看出，不同历史时期，经济社会发展的形势和任务有别，但焦裕禄精神所蕴含的经验、干劲、方法，依然具有时代意义，激励着兰考干部群众为实现脱贫奔小康目标而不懈奋斗。

二、汇聚组织力量

结合县域实际，兰考探索建立了"书记县长负总责，四大班子齐上阵"的工作机制。县委常委会每月专题研究脱贫攻坚工作，县委书记带头解读和宣讲习近平总书记关于扶贫工作重要论述；县领导和行业部门负责人带头学精神、悟政策，到一线去解决问题；各行业部门的分管工作都与脱贫攻坚实现了精准融合，如纪委书记牵头督导行业扶贫落实，统战部部长抓社会扶贫，宣传部部长抓移风易俗等（见表2-1）；强化扶贫办职能，由以往的业务部门转变为综合协调、统筹指导的牵头部门，从而充分发挥扶贫办职能。通过科学配置工作力量，脱贫攻坚成了各部门共同参与、共同协作的中心工作，有效形成了合力攻坚的氛围。

表2-1　"书记县长负总责，四大班子齐上阵"工作机制

职位		职能
	书记、县长	负总责
县委	县委办主任	改革创新
	纪委书记	行业扶贫、稳定脱贫整改提升专项巡查
	统战部部长	社会扶贫
	宣传部部长	移风易俗
	组织部部长	党建促脱贫和队伍建设
	政法委书记	社会稳定
县人大	人大常委会主任	城乡人居环境改善
县政府	常务副县长	金融扶贫与就业扶贫
	副县长	农业农村、脱贫攻坚、乡村振兴
	副县长	健康、教育、助残和旅游扶贫
	副县长	电商扶贫
	副县长	城建、交通扶贫、危房改造
	副县长	电力、网络扶贫
县政协	县政协主席	扶贫产业发展

在成功实现脱贫摘帽后，围绕着切实做好稳定脱贫奔小康各项工作，兰考县延续"书记县长负总责、四大班子齐上阵""支部连支部"等组织力量统揽的做法，将全县各级各部门都统一纳入一个权责清晰、任务明确的脱贫攻坚组织体系，以确保脱贫摘帽后稳定脱贫的组织力量不仅不减，而且更强。具体作为包括：其一，延续"书记县长负总责，四大班子齐上阵"的工作机制，加强县级领导齐抓分管脱贫攻坚的工作架构。其二，构建"支部连

支部"的帮扶模式，即明确 1 个机关党支部与 1 个农村党支部结对共建，且实现全县结对全覆盖。每个机关党支部明确 1 名党支部委员和 1—2 名优秀党员干部或入党积极分子组成稳定脱贫奔小康工作队，负责党支部共建和驻村帮扶等工作。其三，强化行业扶贫部门和乡镇专职扶贫力量。在行业扶贫部门，按照"1＋1＋1＋2"（单位"一把手"、分管副职、业务科室长、至少 2 名专职人员）模式；在乡镇，按照"1＋1＋1＋5"[党（工）委书记、副书记、扶贫专干、至少 5 名专职人员]模式，建立专职扶贫工作力量，明晰了行业部门、乡镇和村级职责。

三、夯实基层堡垒

在城乡构造剧烈变迁过程中，城乡之间的流动性显著加强，大量农村年富力强、知识素养高的精英群体向城市流动，知识界称这一现象为乡村的过疏化、空心化。这种现实对农村党组织建设带来了多方面挑战，体现为党组织薄弱涣散、党员干部队伍年龄结构老化、基层党组织凝聚力战斗力弱化等问题。在农业农村工作中，党组织处于核心地位，特别是在脱贫攻坚战中，涉及大量的群众工作，加强农村党组织建设，提升基层党组织团结和带领村民共同奋斗脱贫致富的精神和能力，恰恰是精准扶贫过程中需要解决好的重要问题之一。恰如习近平总书记在担任宁德地委书记时就强调指出的："党对农村的坚强领导，是使贫困的乡村走向富裕道路的最重要的保证……如果没有一个坚强的、过得硬的农村党支部，党的正确路线、方针政策就不能在农村得到具体的落实，就不能把农村党员团结在自己周围，从而就谈不上带领群众壮大农村经济，发展农业生产力，向贫困和落后作战。"[①] 为此，兰考县在推进脱贫攻坚过程中，突出强调加强基层党组织建设的重要性，将整顿软弱涣散基层党组织和提升党员干部能力作为农

① 习近平：《摆脱贫困》，福建人民出版社 1992 年版，第 119 页。

村以党建促脱贫的主要抓手。

（一）整顿薄弱涣散村，建强基层党组织

农村基层社区党组织是统领农村各项事业的战斗堡垒，特别是在贫困村，村党支部的凝聚力和战斗力决定着中央及各级政府扶贫政策举措能否落地。为解决农村党组织软弱涣散的局面，兰考县搭建起党员互助和党组织协同的立体网络，通过向组织软弱涣散村派遣整顿队伍的方式，重建农村党组织的凝聚力、战斗力和创造力。

1.精准识别软弱涣散基层党组织。精准识别的理念与方法不仅可以应用在对贫困户进行精准识别，找出致贫原因，同样精准识别也可以应用在对软弱涣散基层党组织的识别中，通过比较分析的方式，找出具有软弱涣散现象和问题的党组织，结合村情，分析导致该党组织软弱涣散的影响因素。对此，兰考县采用分类定级方式，按照"有坚强有力的领导班子、有本领过硬的骨干队伍、有功能实用的服务场所、有形式多样的服务载体、有健全完善的制度机制、有群众满意的服务业绩"的标准，结合分类定级具体指标，明确方法步骤，严格评定程序，对农村基层党组织客观公正地进行分类定级，结合分类定级情况，每年按10%的比例倒排一批后进村作为整顿软弱涣散基层党组织的对象。

2."六步工作法"整顿软弱涣散基层党组织。在精准识别出农村软弱涣散党组织的基础上，根据村情，制定了"六步工作法"，即选派整建队伍、吃透村情民意、联合会诊定案、开展集中整顿、评估验收问责、建立持续机制。

第一，改进选派机制。选派整建队伍主要是针对传统通过选派"第一书记"入村帮扶农村党建效果不彰的一种改进机制。"第一书记"制度设计是为了改变农村基层领导力供给不足的问题，"第一书记扶贫政策目标是在精准扶贫的时代背景下，试图通过注入领导力加强农村反贫困治理的政策举

措"①。同时，选派驻村工作队，工作队一般由2—3名人员构成，队长由县直单位具有基层工作经验的科级干部担任，并兼任派驻村第一书记，队员由科级后备干部或优秀年轻干部担任，对于一些问题复杂、整顿难度较大的村，所在乡镇还要选派一名班子成员进入工作队。此外，兰考在工作实践中，创造性地建立了"支部连支部"的方式，其一，首要关键在于驻村工作队的作用发挥，调整驻村工作队员，3名精减为2名，坚持"应调则调、选优配强"原则，优化驻村工作力量；其二，明确驻村工作制度，根据工作任务完成情况，科学合理确定工作时间，做好评估验收工作；其三，严格请假、工作报告制度；其四，加强驻村工作保障，严格落实驻村工作补助和专项工作经费的发放。

第二，吃透村情民意。农村基层党组织的固本培元的最终落脚点在于建设具有服务群众意识和能力的基层党组织，因此，整顿软弱涣散基层党组织的出发点需要了解村民的需求，梳理精准扶贫背景下，村民对农村党组织的基本需求。整顿工作队入村后通过走访调查，掌握村情民意，并通过绘制"村情五图"："两委"班子结构图、党员队伍状况图、基础设施平面图、经济发展现状图、贫困家庭状况图的方式，实现了信息在村民、工作队和基层党组织之间的对称共享。同时，在村情民意调研的过程中，通过运用田野调查的方式，实现工作队与村民之间的无缝连接，提高了村民对精准扶贫政策和整顿政策的知晓率，唤醒了村民的权利意识，有利于村民对精准扶贫政策实施有效监督。

第三，联合会诊定案。导致农村基层党组织软弱涣散的因素各不相同，有的是因为精英流失，有的是因为人员能力弱化，有的是"富人治村"带来的"私人治理"。为此，工作队在前期开展村情民意调查的基础上，对于整

---

① 王亚华、舒全峰：《第一书记扶贫与农村领导力供给》，《国家行政学院学报》2017年第1期。

顿难度较小的基层党组织采用在乡镇党委和派出单位的指导下制定整顿措施进行整顿；对于问题复杂、整顿难度较大的整顿对象，工作队首先向兰考县委组织部提出"会诊"申请，县委组织部牵头组织纪检、民政、土地、农业、信访、计生等有关部门和乡镇党委，召开现场会诊会，共同商议整顿措施，制定整顿方案。

第四，开展集中整顿。工作队围绕治弱、治乱、治穷三种情况，根据制定的整改方案，建立有问题、有措施、有责任人、有完成期限的工作台账。在此基础上，设计了情况汇报工作制度，工作队每周向乡镇党委报告整顿工作开展情况，县委组织部每月召开一次整顿工作汇报会，听取16个乡镇（街道）党委和45个驻村工作队队长有关整顿情况的汇报。同时，为防止制度供给不足造成的政策整体性效用的递减，兰考县强化了对制度实施的监督检查：通过暗访和随机抽查的方式，监督乡镇党委和工作队工作态度和工作绩效。

第五，严格评估问责。兰考县为实现整顿弱化涣散基层党组织行动效果的最大化，构建了标准化的绩效考核标准，并将考核结果和问责相结合，从而形成了环环相扣的体系。首先，按照村级组织申请、乡镇党委审核、组织部门验收的程序，对工作队的整顿工作进行绩效考核，考核结果认为基层党组织的软弱涣散问题得到解决，符合整顿退出标准的，认定整顿任务完成，工作队可以撤回；对于评估验收不合格的，工作队派出单位调整工作队员后继续进行驻村整顿。同时，将整顿工作纳入基层党建工作责任制范围，作为党组织书记抓党建述职评议考核的重要内容，对于领导不重视、工作不得力、成效不明显的，提出批评并限期整改，对搞形式、走过场、达不到目标要求的，进行通报批评，问题严重的时候，进行问责。

第六，建立长效机制。为实现整顿工作的长效和可持续性，兰考县构建了"三会一课"等组织生活制度和激励约束机制，确保在工作队撤离后，基层党组织能够实现自我发展和肩负起引领脱贫攻坚工作的重要历史重担，

"监督是一种直接的信息收集和处理机制，通过它能够获得更多、更为准确的关于代理人行为和业绩表现的信息，从而可以提高业绩评价的准确性，优化组织显性激励的整体效果"①。

（二）再树"四面红旗"，激发村干部干事热情

兰考县结合脱贫攻坚的时代背景，为焦裕禄同志树立"四面红旗"激发干部群众干劲的做法，赋予了新的时代内涵——通过评选精准扶贫新时期的"四面红旗"为基层党组织建设提供正向激励。2016年，兰考县参照焦裕禄当年树立的"四面红旗"村做法，评选了"脱贫攻坚红旗村""基层党建红旗村""产业发展红旗村""美丽村庄红旗村"，按照乡镇（街道）分类推荐、联合评审组评选、县委常委会确定、评选结果公示的程序，开展了两批红旗村评选活动，分别评选出29个和40个红旗村。对获得红旗村的基层组织干部给予物质奖励，每评上一面"红旗"，所在村的支部书记工作报酬在每月1500元的基础上上调500元，其他村干部在1200元、900元的基础上上调300元，奖励可重复累计。例如，在第二批评选工作中，小宋乡东邵一村获得"脱贫攻坚红旗村"和"产业发展红旗村"两面红旗，其村支部书记的待遇增长到每月2500元。由此可见，新时期"四面红旗"，对村干部精神上有鼓励、绩效上有奖励，实现了干与不干不一样，干多干少有区别，建立起了创先争优激励机制。

（三）加强农村党组织能力建设

党的十八大报告指出，要"创新基层党建工作，夯实党执政的组织基础"，要"健全党的基层组织体系，加强基层党组织带头人队伍建设"。农村党支部书记是农村基层党组织的带头人，是贯彻党的路线方针政策、促进农

---

① 黄再胜：《公共部门组织激励理论探析》，《外国经济与管理》2005年第1期。

村社会经济发展的关键力量,在推进精准扶贫过程中,党支部书记是凝聚全体村民,打赢脱贫攻坚战的重要力量,因此,要把脱贫与农村基层党组织的带头人队伍建设相结合。为此,兰考县将现有农村党支部书记的培训、管理考核和后备力量培育作为农村党组织带头人队伍建设的主要抓手。

第一,抓好农村党支部书记的培训和管理考核。兰考县制定了《兰考县村级干部管理暂行办法》,明确采用集中轮训、专题培训、组织外出考察等学习方式,提高党支部书记思想意识觉悟和带领贫困户脱贫能力。将全县450名村党支部书记分四期进行培训,每期培训110名左右,为提高党支部书记对于培训的体验感,抽调20名"驻村扶贫工作标兵"和县委组织部、县委农办、县农林畜牧局、县扶贫办等部门的20名业务骨干,采用小班辅导的方式,每名骨干负责从脱贫攻坚、基层党建、产业和集体经济发展、美丽乡村建设等方面辅导5—7名党支部书记,运用政策讲授、案例教学等方式,强化党支部书记对扶贫工作的重要意义和内容的获得感。此外,将互联网运用到支部书记的培训中,为每名支部书记配备了安装"智慧党建""红色e家""河南远教""脱贫攻坚"等应用软件的智能手机,在网络上开展学习排名,实行通报制度,提高支部书记学习的主动性。为加深支部书记对培训内容的理解,兰考县将培训结果与"双述双评"相结合,每年年底,村党支部书记向乡镇党委政府进行工作述职并接受评议,向党员群众代表述职并接受评议,并将双向评议的结果作为年度考核和任职使用的重要依据。通过对农村党支部书记的培训和管理考核,一方面提升了党支部书记的能力,使其在开展扶贫过程中发挥模范带头作用,有利于提升农村党组织的凝聚力;另一方面,提高了党支部书记对党员作风建设的认识,消解了可能存在的农村党支部书记功能异化的潜在风险,提高了其在群众中的威信,获得了民众认同,从而为推动村集体经济和社会事业的发展提供了坚实的群众基础。

第二,加强后备力量建设,保证农村党组织带头人队伍后继有人。2015年,兰考县出台制定了《兰考县村级后备干部暂行管理办法》,明确在村级干部后备力量建设方面，以思想政治素质好，拥护党的领导，能认真贯彻党的路线方针政策；道德品行好，为人公道正派，有一定的群众基础；致富能力强，自身有致富门路，具备引领发展的能力；服务意识强，热衷于村内发展，有带领群众增收致富的愿望和信息为选拔后备力量的标准，注重从现任党员村干部、致富带头人、种养大户、专业合作经济组织负责人、大中专毕业生和退伍军人、村民组长和村民代表、返乡创业的优秀外出务工人员中培养后备人才，组建了由 523 名优秀党员组成的党支部书记后备库和 942 名优秀人才组成的其他村干部后备库，构建了党组织带头人梯队。党员后备力量是未来农村公共事务治理和党组织建设的主体，如何使其习得公共事务治理和党组织建设的知识，必须建立一个学习的机制，这种学习的机制是一个对后备党员力量的授权赋能的过程。为此，兰考注重党员互助机制，主要是通过建立后备干部结对帮带制度，包村干部结对帮带村党支部书记后备干部，现任村干部、驻村工作队、第一书记都与 1 名以上其他村后备干部建立结对帮带关系，帮助他们熟悉村级事务、掌握处理复杂问题的能力。明确村级后备干部列席村"两委"班子会议、村民代表会议等，承担急、难、险、重任务，在实际锻炼中提高后备干部综合素质。

(四) 强化党群服务中心功能

农村改革以来，农村集体经济的弱化，限制了公共空间建设和维护的经济基础。当公共空间消失后，村民之间缺少了沟通和交流的物理空间，农村公共事务缺少了集体协商的舞台，进一步加剧了乡村社会原子化问题。在精准扶贫背景下，无论是贫困户的精准识别，还是扶贫项目设计、扶贫资金使用、扶贫绩效考核等都具有公共事务的属性，直接涉及老百姓利益，其决策与执行过程应当在村民中实现充分的协商和参与，因此村一级的服务阵地建设便成为精准扶贫政策必要需求。

为重构农村社区凝聚力，为村级公共事务协商和村民沟通交流提供平台,兰考县于2014年开始把打造党群服务中心作为扶贫脱困的重要工作内容,2014年投入1500万元村室建设资金,实现了所有农村社区村室平台的全覆盖。此后,2015年和2016年又相继投入1000余万元的资金,改造提升88个低矮破旧村室,2017年再次投入1000余万元,建设20个高标准、环保装备村室。为充实村级公共平台内容,避免村室的空壳化,兰考县将党员活动室、卫生室、计生室、农家书屋、便民服务室、老年活动室、儿童之家等功能整合进村室公共平台建设,从而为重构村民公共精神提供了基础。此外,为规范化党群服务中心建设和运营,兰考县制定出台了《关于进一步规范村级组织活动场所建设的意见》《关于加强农村(社区)党群服务中心规范化建设的意见》等制度,提出党群服务中心建设应当按照"建改因地制宜、功能逐步完善、位置统分结合"的原则,对室内设置、室外设置和软件匹配等提出了具体要求:拆除围墙大门、统一场所标识、建设文化广场、实施绿化亮化、配齐文体器材、完善便民服务设施、设置诊所超市。按照"七项标准"对全县所有行政村党群服务中心进行改造提升,增强服务职能,使村室成为村里最热闹、群众最愿意去的地方,村级党组织的凝聚力、战斗力、号召力不断增强。为改变传统农村社区建设重硬件建设、轻服务提升的问题,在党群服务中心硬件的基础上,如何实现党群服务中心作为农村公共服务载体的功能,需要建立相应的服务机制。目前,兰考县将党员学习、党员活动、便民服务、村民议事、教育培训和文化娱乐等服务功能放在了党群服务中心,一方面实现了对农民服务的有效供给,另一方面通过服务功能训练了村民参与农村公共事务的意识和能力,为对接精准扶贫提供了软实力支撑。

第二节 县域治理"三个起来"

兰考县以脱贫攻坚统揽经济社会发展全局,同时体现在将脱贫攻坚视为第一位的民生工程和各项工作中的"头等大事",将脱贫攻坚置于经济社会发展规划的突出位置,县域经济社会发展规划都是围绕着"脱贫奔小康"的目标来布局谋篇。具体体现在以脱贫攻坚统揽产业体系布局、新型城镇化建设和公共服务供给安排等方面。

一、产业体系促进脱贫攻坚

产业扶贫在新时期的脱贫攻坚战中,依然是最为主要的帮扶手段。扶产业才是扶根本,对于那些有劳动能力的贫困人口,通过人力资本提升,促使其能够参与到产业发展的过程中。通过诚实劳动合法经营获得收益,是助推贫困人口脱贫的基本手段。还应看到,产业体系的建设同时关乎县域经济实现高质量发展,新时期按照五大新发展理念,紧扣供给侧结构性改革的主线,抢抓发展机遇,从而实现县域产业的合理布局和可持续发展,是实现县域高质量发展的核心命题。兰考的产业体系安排,生动体现了脱贫攻坚与县域经济发展之间的辩证关系。一方面,围绕着脱贫攻坚目标的实现,通过产业带动的方式促进贫困人口增收脱贫;另一方面,贫困农村地区劳动力、土地、资本等潜在的生产要素得以激活,结合技术创新的手段,劳动生产率得以提升,为应对经济下行压力,促进县域经济繁荣和产业体系进一步优化、完善提供了有力支撑。总体而言,兰考的产业体系布局遵循三个方面的准则:一是坚持产业发展要能够带动贫困人口有效参与,促进其脱贫增收。二是产业体系安排要能够契合地方特色优势资源禀赋,符合国家的产业政策导向。三是产业体系发展要符合产业体系优化与完善的一般规律,补齐制约产业提质增效的短板因素。以此,实现了强县与富民的统一,脱贫攻坚与县域发展的统一。

具体来说,兰考在深入研判经济形势和深耕地方特色资源、发展优势的基础上,摒弃盲目承接沿海地区产业转移的发展道路,确立了家居制造、食品加工和战略性新兴产业 3 个主导产业,坚持招大引强,突出龙头带动,不断培育壮大特色产业体系。经过不懈努力与探索，逐渐形成了城乡统筹、一二三产业融合发展的产业布局。特别是，在产业链条的空间布局上，形成城乡统筹的体系化安排。在城区的产业集聚区，主要以强县和吸引青壮年劳动力就业为目的，重点打造了以恒大家居联盟产业园为龙头的品牌家居和以正大、禾丰为龙头的食品加工两个产业集群，同时大力发展战略性新兴产业，相继引进格林美、富士康、光大等行业龙头企业，为增强县域综合实力打下坚实基础。在乡镇，主要以带动40—60岁年龄人群就业为目的，按照"一乡一业"或"多乡连片一业"的原则，积极引进主导产业配套企业，建设6个乡镇产业园区，带动群众创业就业。在农村，主要以带动60岁以上年龄人群和闲散劳动力就业为目的，积极培育龙头企业引领、畜牧规模养殖支撑、饲草种植配套"三位一体"的畜牧产业化，同时大力发展群创产业，培育了堌阳镇范场、南彰镇周庄、红庙镇青龙岗等一批"一村一品"示范村，吸纳贫困人口在家门口就业。调研中，我们发现各贫困村产业发展效果明显，特别是已经逐渐吸引外出务工人口回流，通过配套的技术培训，许多贫困户进入县城和乡镇务工，留守人口借助农村土地制度新一轮改革、普惠金融政策、产业扶贫政策等多重利好，发展家庭生产，拓展收入来源，实现了稳定脱贫。

兰考以产业体系建设促进脱贫攻坚的规划布局，有效破解了区域发展和脱贫攻坚相结合的命题，有效促进了城乡统筹发展。产业体系吸纳劳动力能力强，对贫困人口发展生产的带动效应显著，注重通过制度改革强化产业发展与贫困人口的利益联结机制，较好地解决了产业扶贫的益贫性问题。在脱贫攻坚过程中，不仅贫困人口增收效应明显，而且县域产业链条更加完整，竞争力稳步提升，真正实现了"强县与富民"的统一。

二、城镇化带动脱贫攻坚

在县域脱贫攻坚过程中，城镇化对于带动贫困人口脱贫增收具有重要意义。一方面，在县域的范围讲城镇化，主要包括三个体系，即县城、中心乡镇和一般乡镇。城镇体系的空间结构与产业体系的空间结构有紧密的耦合关系，城镇发展一方面是产业发展的延伸，同时对于产业发展也会起到促进作用。县域内城镇建设水平的高低，直接影响到地方产业发展水平和质量，合理的产业布局与合理的城镇化推进方式，共同作用于县域可持续发展内生动能的成长。兰考的城镇化，体现了"把强县和富民统一起来"和"把城镇与乡村贯通起来"的理念与要求，中心城区产业聚集区布局了带动能力强的龙头企业，乡镇主要依据当地资源禀赋和发展优势，安排配套产业，并着力补齐乡镇基础设施短板，发挥其更好连接城市与农村，促使乡镇发挥连接区域市场、全国市场，贯通城乡的作用。城镇化与农业产业化同步发展，对农村贫困地区产生了较好的带动作用：农村贫困社区的各类生产要素得以在市场机制的配置下，提升效能，获得更多的经济效益；同时，城镇发展带来的非农就业，为贫困人口特别是中年农村留守人口提供了就业岗位和收入。

另一方面，沿海地区产业转移、农业现代化促进外出劳动力回流，开启了中国小城镇建设的第二拨高潮，对接这些契机有利于促进贫困人口脱贫增收。毫无疑问，城镇化推动中国发展的重要引擎，是提振内需的重要方式，但不恰当的城镇化，往往成为矛盾积聚的过程。新时期国家推动以人为中心的新型城镇化，强调城镇化过程应当契合人的发展、人的需求实现，尊重市场经济的规律，而不能以行政意志简单替代发展的内在逻辑。从县域范围来看，随着近年来农业现代化进程的加速，特别是三产融合的深度发展，以及沿海地区产业向中西部欠发达地区转移，小城镇建设与发展迎来了全新的契机。随着县域经济的变动，外出务工人员纷纷返乡就业创业，家庭经济、家庭生活的代际分工更趋合理，就地就近的城镇化不仅促进了贫困人口增收，也为破解"三留守"等农村问题提供了机遇。小城镇作为各种人才、资源、技术、物流的聚集地，是农村生产市场与区域、全国消费市场对接的重要节点，是农业社会化服务体系的重要节点，是各类政策、资源进入农村的重要节点，其建设水平直接决定了对农村贫困社区和贫困农户的带动能力高低。

兰考在谋划脱贫攻坚统揽经济社会发展全局的过程中，高度重视城镇化对脱贫攻坚促进作用的发挥。按照习近平总书记"把城镇和乡村贯通起来"的要求，坚持把城乡统筹发展与脱贫攻坚同步推进，形成了以中心城区为核心，以中心乡镇为重点，以一般乡镇为支点的新型城镇化发展思路。县域城镇化体系与县域产业体系发展的经济规律高度契合，在推进城镇化建设的过程中，有力促进了产业体系对贫困人口脱贫增收的带动作用。经过不懈努力，城区面貌明显改观，得到了群众的广泛认可，为产业发展和招商引资提供了良好环境，吸纳了大量农村贫困人口进城安家落户，同时也为农村留守人员扩大生产规模、增加收入创造了更加有利的条件。中心乡镇建设，突出服务配套产业，带动贫困人口就业，服务农村分散种养殖业发展，为贫困农户就业、创业提供了有力支撑。

三、补齐公共服务短板

现实地看，农村贫困问题的成因十分复杂，特别是因病致贫、因灾致贫、因学致贫的现象较为突出，一定范围内出现了贫困代际传递的现象。还应看到，农村贫困地区公共服务体系建设较为滞后，是推进城乡公共服务均等化的突出短板。补齐短板，有利于更好保障贫困人口的权益和福祉，有利于实现稳定脱贫，有利于阻断贫困的代际传递。同时，还应看到公共服务是重大的民生问题，直接回应老百姓生活的实际困难，是重大的民心事业，深刻体现了中国共产党执政为民的"初心"，补齐公共服务短板，回应百姓的民生关切，有利于增进贫困群众对党的政策的认同，巩固执政之基。2020年全面建成小康社会，要实现现行贫困线以下贫困人口"两不愁三保障"的目标，也正是基于上述认识做出的科学判断，体现了脱贫攻坚作为民生之举、民心之举的战略意义。

从县域范围来看，优质公共服务资源向中心城区聚集，农村地区特别是农村贫困地区公共服务体系建设相对滞后，严重制约着贫困群体需求的有效回应。因此，习近平总书记提出对于困难群众要"格外关注、格外关爱、格外关心"。2015年底，习近平总书记在中央扶贫工作会议上的讲话，明确提出"精准扶贫"过程中要解决好四个问题，在回答"怎么扶"的问题时，总书记提出要坚持"五个一批"的减贫战略，其中发展教育脱贫一批、社会保障兜底一批和异地扶贫搬迁脱贫一批等几项内容，都涉及补齐公共服务短板的要求。兰考县着力推进兜底保障式扶贫工作，特别是重视教育扶贫和健康扶贫的工作。三年脱贫攻坚期间，教育、医疗卫生的公共服务短板快速补齐，基层教育、医疗机构的服务能力显著增强，有效解决了贫困人口"因病致贫、因病返贫"和"因学致贫"的问题，为阻断贫困的代际传递发挥了重要作用。兜底保障体系不断完善，特殊困难群体的供养和服务水平明显提高。

第三节　深化改革破难题

改革创新是中国特色社会主义事业不断取得成功的基本经验。习近平总书记强调："惟改革者进，惟创新者强，惟改革创新者胜。"①脱贫攻坚不仅要有坚定的意志、实干的精神，更要有改革创新的智慧和勇气。兰考系统把握全面深化改革与决胜脱贫攻坚之间的内在联系和实践逻辑，坚持用改革创新破解脱贫攻坚中的关键制约，使改革创新成为推动脱贫攻坚的内在动力和基本保障。一方面，兰考全面梳理脱贫攻坚工作的关键任务和体制机制障

---

① 《谋求持久发展　共筑亚太梦想——在亚太经合组织工商领导人峰会开幕式上的演讲》，《人民日报》2014年11月10日。

碍，重点破除制约创新的思想障碍，灵活转变解决扶贫开发各类难题的理念思路；另一方面，兰考对传统扶贫开发方式中"大水漫灌"、"多头分散"、偏重"输血"等多种旧有方式进行了大刀阔斧的改革，重点破除影响识别精准、驻村成效、持续发展、内生动力等多项脱贫攻坚关键问题、关键环节方面的制度藩篱，代之以更具精准性、便民性、可持续性的创新举措。兰考在深化改革创新推进脱贫攻坚方面，主要做了以下几个方面的工作：一是以深化改革为驱动，二是以减贫创新为助力，三是以能力建设为保障。

一、坚持以深化改革为驱动

勇于自我革新、坚定不移地全面深化改革，是兰考脱贫攻坚工作不断得以推进的根本驱动力。通过锐意改革、激励创新，兰考积极探索适合自身脱贫需要的新路径，不断寻求扶贫开发的新增长点。兰考改革创新主要围绕"人"改，围绕"财"改，围绕"物"改，围绕"事"改。

其一，围绕"人"改，深化人事管理制度改革。为了调动全县基层党组织和广大党员干部服务发展、服务群众的热情和干劲，兰考县推行人事管理制度改革，统筹使用各类编制资源，实行优胜劣汰，实现"能上能下、能进能出"的选人用人机制改革。根据《推进干部能上能下实施细则》，兰考对选派到乡镇工作的人员，年度考核按照30%的比例确定"优秀"给待遇、给激励；按照10%的比例淘汰退回原单位，实现干部"能上能下"。同时，兰考还创新"干部下乡"机制，建立县级领导联系贫困村（社区）制度，要求每名县级领导联系2—3个贫困村（社区），每周至少在所联系村（社区）内住1夜；完善县直单位分包贫困村制度，要求县直单位每周听取本单位驻村工作队的工作汇报并研究驻村扶贫工作，单位主要负责人每个月至少到帮扶村走访调研1天；建立乡村干部补充机制，每年选派县直人员到乡镇工作，优先安置符合条件的转业士官驻村历练，引导农村复转军人进入村级班子；健全驻村工作制度，以"支部连支部，加快奔小康"等形式实现454支驻村工作队对全县 454 个行政村进行帮扶。通过上述人事改革措施，兰考有效解决了基层人手不足问题，激发了工作活力，提升了脱贫成效。

其二，围绕"财"改，深化资金运行机制改革。如期打赢打好脱贫攻坚战，需要持续加大扶贫资金的投入，需要统筹规划各类资金的路径，需要精准使用资金使之最大效能地作用于贫困人群，改善其生活质量、稳定其脱贫能力。兰考在脱贫攻坚过程中对资金的筹措、规划、分配、使用做了大量的改革创新，为精准脱贫的有序推进提供了根本保障。在资金筹集方面，兰考积极创新融资方式，成功组建农商银行，建立资产运营中心，成立城投、农投、畜投、文投等融资平台，以项目建设、基金融资等多种形式，为棚户区改造、扶贫搬迁提供充裕资金支持；在资金整合方面，兰考依托扶贫攻坚规划和重大扶贫项目为重要平台，采取以项目主导资金整合的方式，通过科学合理选定项目区、统一制定项目规划、围绕项目引导资金统筹等一系列创新性流程，充分整合了扶贫和相关涉农资金，为集中力量解决突出贫困问题提供了资源保障；在资金管理方面，兰考探索创新"先拨付、后报账，村决策、乡统筹、县监督"的扶贫资金分配运行机制，把扶贫资金的审批权下沉到乡，让村里自主决策扶贫项目，充分激发了村一级的扶贫热情。

其三，围绕"物"改，深化便民服务体制改革。通过不断探索，兰考建构了三级便民服务体系，成立了县、乡、村社情民意服务平台，实现了畅通投诉渠道、收集社情民意、党委科学决策的有机统一，把"有事找政府"落在了具体实在的便民设施便民机构之上。具体而言，兰考建设了"两大厅一中心"（县行政服务大厅、乡便民服务大厅、村党群服务中心），辅之以网络服务、文化广场、文体器材、便民设施以及实施绿化美化亮化，以"标准化"理念搭建"零距离"服务党员群众的各项设施，用便民的硬件条件和暖人的物理空间筑牢了基层阵地，提升了为基层办实事、解难事的工作能力。

其四，围绕"事"改，深化督查机制改革。为促进各项扶贫措施的有效落实，兰考整合县委督查室、县政府督查室、县政府目标管理办公室、县行政效能监察中心工作机构和职能，组建了县委县政府督查局，将原来分散的督查力量集中到一起，对县委、县政府交办事项及重大决策、重要工作部署，特别是涉及脱贫攻坚的各项工作进行督促检查。督查局坚持普查与重点抽查相结合，对精准识别、精准帮扶等脱贫攻坚各项环节进行全方位、多轮次督查，重点查一把手责任落实情况、扶贫资金到位情况、工作队工作纪律执行情况等。自成立以来，督查局共开展各类督查5000余次，协调解决问题790余个，成为狠抓扶贫落实的利器，促使县域各部门工作效能大幅提升。

二、坚持以减贫创新为助力

脱贫攻坚的关键是变"输血"式扶贫为"造血"式扶贫，切实增强贫困人口的内生动力，切实提高贫困人口的稳定增收能力，除产业扶贫这一最直接、最有效的办法，其他多种扶贫方式的脱贫效能也不容忽视。兰考结合县域特点，探索了一批农村扶贫方式，包括金融扶贫、电商扶贫、资产收益扶贫、消费扶贫等。

在证监会的推动下，兰考在全国率先提出"金融扶贫"理念。自2014年以来，兰考陆续推出了"三位一体"和"四位一体"的金融扶贫方式，并借助证监会定点扶贫和全国普惠金融试点县的政策利好，积极探索资本市场助力脱贫攻坚的方法和路径。"三位一体"指的是县财政拿出1000万元作为风险补偿金，按照1∶10的比例来撬动银行贷款1亿元，支持扶贫企业发展；"四位一体"指的是政府、企业（个人）、银行、保险公司，县财政拿出3300万元作为风险补偿金，撬动银行贷款2亿元，培育壮大小微企业和合作组织，吸纳贫困人口就业。同时，兰考还引导由上市公司主导的产业扶贫基金成功落户，首创了上市公司主导、产业基金作为引导资金的商业模式，建构了以产业带动长效扶贫、在国家扶贫攻坚战略的大背景下创新市场化运作模式。

在电商扶贫方面，兰考打造"一中心、四园区"的电子商务生态体系，为企业和创业者提供全方位、一站式服务。另外，兰考县引进了阿里巴巴、恒大微购、乐村淘、云书网、苏宁等多家电商平台企业，推动商业综合体和电商融合，以打造线上购买支付、线下消费体验有机融合的一体化新兴业态。截止到2019年底，兰考已成功创建国家级电子商务进农村综合示范县，全县共有统计在册电商服务网点1282家，新增网店数23个，新增农村电商就业人员49人，通过电子商务备案的企业38家，其中省电商示范企业3家。全县115个贫困村中96个村有电商带头人，覆盖率达到了83.4%，9个乡镇服务站已建立并投入使用。2020年以来，兰考积极与央视网、京东、腾讯、淘宝等公益助农直播平台合作，县、乡干部争当主播，县长更是亲自直播，助力精准扶贫增收，为新冠肺炎疫情下破解农产品滞销、企业复工难等问题提供有效的解决途径。

在资产收益扶贫方面，兰考县结合地区实际，充分利用光能等自然资源和扶贫资金，探索了光伏扶贫、扶贫资金入股分红、扶贫贷款入社分红、集体经济收益分红等资产收益扶贫方式，不仅提高了各类扶贫资源的开发和利用效率，也为提高贫困农户内生发展动力以及壮大村集体经济发展提供了重要契机。截止到2020年7月，兰考全县已实现集体经济收入"空白村"清零，其中，年收入5万元及以上的达到445个，占比98%，农村基层组织的凝聚力、战斗力得到了显著增强，农村基层社会秩序得到了有效提升。

在消费扶贫方面，为巩固脱贫成果，兰考积极创新帮扶方式，制定《兰考县做细做实消费扶贫实施方案》，以销售扶贫产品为重点，采取政府采购、结对帮扶单位采购、经营主体参与、社会组织参与等模式，鼓励党政机关、企事业单位等带头示范，民营企业、社会组织积极跟进，社会各界广泛参与，着力促进贫困群众增收，努力构建社会各界广泛参与、长效参与的消费扶贫新格局。截止到2020年12月，兰考县已申报扶贫产品308个，经国务院扶贫办公示认定扶贫产品61个，其余产品均通过省级认定。

2020年以来，通过直播带货、社会扶贫网、农购网等线上平台销售扶贫产品共计1875.58万元。通过产品展销会、商超对接、食堂采购等线下销售共计3090.3万元。

三、坚持以能力建设为保障

习近平总书记强调："面对复杂形势和艰巨任务，我们要在危机中育先机、于变局中开新局，干部特别是年轻干部要提高政治能力、调查研究能力、科学决策能力、改革攻坚能力、应急处突能力、群众工作能力、抓落实能力，勇于直面问题，想干事、能干事、干成事，不断解决问题、破解难题。"①改革创新离不开准确识变、科学应变、主动求变，广大党员领导干部必须要提高解决实际问题、破解各类难题的能力，才能应对新时代、新特征、新形势下的各种新挑战。对于脱贫攻坚工作中层出不穷的各种问题，只有具有足够担当、足够能力方能破除壁垒、达成创新，因此，能力建设是实现脱贫攻坚中改革创新的重要保障。

2013年6月18日，习近平总书记在党的群众路线教育实践活动工作会议上的讲话指出，群众教育实践活动的主要任务聚焦到作风建设上，集中解决形式主义、官僚主义、享乐主义和奢靡之风这"四风"问题。解决党员干部的作风问题是保持党的青春活力和推动社会主义建设的重要动力。增强脱贫攻坚队伍的战斗能力要以作风建设作为根本出发点。兰考县委把脱贫攻坚作为锤炼干部作风的"大熔炉"，使之成为巩固群众路线教育实践活动和"三严三实"专题教育成果，检验"两学一做"学习成效的有效平台。县级干部以身作则、率先垂范，坚持每周在联系的贫困村工作一天、住宿一晚，做好脱贫攻坚抓落实谋突破的先行者，充分发挥表率作用和督促作

---

① 习近平：《年轻干部要提高解决实际问题能力 想干事能干事干成事》，《人民日报》2020年10月11日。

用。乡镇干部、驻村干部坚持"五天四夜"，解决了贫困群众生产生活中的实际困难。此外，兰考县委把"两学一做"学习教育和脱贫攻坚结合起来，创造性开展"三联三全"活动，组织 54 名县级干部、567 名科级干部和 1700 多名机关在职党员开展联系帮扶，实现对 150 个重点项目、115 个贫困村和 5729 户贫困户的联系帮扶全覆盖。加强作风建设是兰考打造脱贫攻坚队伍的重要举措。

在强化作风建设的同时，兰考把加强农村基层组织建设作为推动农村发展的核心工作，出台了《村两委干部管理办法》《驻村第一书记管理办法》《关于实行党员分类管理、评分定级的意见》等文件，强化基层干部管理。持续整顿农村基层党组织，明确驻村工作队"不转化不撤离、不晋级不脱钩"，推动软弱涣散村转化升级。此外，开展支部连支部活动。在全县开展"支部连支部，加快奔小康"活动，组织 450 个机关企（事）业单位党组织和 450 个农村（社区）党组织结对共建，巩固成果，促进稳定脱贫奔小康。兰考还坚持以能力提升为目标，通过"兰考讲堂"、专题培训班、微信推送等形式，深入宣传扶贫政策措施，提升村干部和驻村工作队员责任意识和政策水平。此外，对全县 450 名村党支部书记开展集中轮训，切实提高脱贫攻坚、产业发展、基层党建、带领群众致富的能力。

第三章　践行精准方略

　　脱贫攻坚重在精准、贵在精准，成败之举在于精准。精准扶贫精准脱贫基本方略是党的十八大以来习近平总书记关于扶贫工作重要论述的核心内容之一，是打赢全面建成小康社会背景下脱贫攻坚战的总方法。精准扶贫精准脱贫基本方略的要义在于扶贫政策和措施要针对真正的贫困家庭和人口，通过对贫困人口有针对性的帮扶，从根本上消除导致贫困的各种因素和障碍，达到可持续脱贫的目标。① 兰考县在脱贫攻坚实践中，坚定地树立精准思维，践行精准方法，通过改革创新的办法和举措，解决好"扶持谁、谁来扶、如何扶、如何退"四个问题，实现了全链条精准，确保了脱贫高质量，赢得了老百姓的认可和满意。

第一节　树立精准思维

　　精准思维是习近平总书记强调的科学思维方法的一项重要内容，它是指在全面掌握客观实际的情况下，深入细致地分析客观实际，从而有针对性地提出解决问题的方案，确保问题的实际解决。② 兰考县结合理论学习和脱贫

---

① 汪三贵、郭子豪：《论中国的精准扶贫》，《贵州社会科学》2015 年第 5 期。
② 冯留建：《为什么要强调精准思维方式》，《人民论坛》2018 年 12 月 4 日。

攻坚的具体实践，深刻认识到精准思维的欠缺直接制约了扶贫工作的成效。因而，兰考县在形成精准意识和锤炼精准方法的基础上，全面、全程、全员融会精准理念，逐渐树立精准思维。

一、形成精准意识

2014 年 5 月 9 日，习近平总书记在指导兰考县委常委班子党的群众路线教育实践活动专题民主生活会时强调，"要从细节处着手，养成习惯。如果对工作、对事业仅仅满足于一般化、满足于过得去，大呼隆抓，眉毛胡子一把抓，那么问题就会被掩盖"①。上述讲话是习近平总书记对精准思维的深刻表述，也是对兰考干部的具体要求。兰考县刀刃向内，深刻反思以往扶贫工作成效不彰的自身原因，并从思想认识深处意识到形成精准意识的重要性，从而为解决好新时期农村贫困问题提供科学方法。

第一，兰考县通过对理论的学习，意识到扶贫工作需要由以往的"大水漫灌"方式向"精准滴灌"转变。改革开放以后，我国绝对贫困人口的大幅度减少主要得益于两方面：一是国家持续推进扶贫战略，通过政策支持和财政保障等方式不断提高贫困地区的基础设施建设和公共服务水平，不断改善贫困地区的生产和生活水平；二是经济高速增长对贫困人口的"涓滴效应"②，具体指制造业的迅猛发展和城镇化的快速推进，既吸纳了大量农村人口进城务工或经商，又助推了农业的迅速发展，相当一部分农户因之能参与到更高效率的生产活动中，从而增加收入并摆脱贫困。兰考县通过对理论知识的学习以及习近平总书记关于扶贫工作重要论述的消化吸收，认识到伴随

---

① 中共中央文献研究室编：《习近平关于党风廉政建设和反腐败斗争论述摘编》，中央文献出版社、中国方正出版社 2015 年版，第 85 页。

② "涓滴效应"，是指在经济发展过程中并不给予贫困阶层、弱势群体或贫困地区特别的优待，而是由优先发展起来的群体或地区通过消费、就业等方面惠及贫困阶层或地区，带动其发展和富裕。

"贫困人口的大多数变为以地域分散的'插花贫困'和社区内的个别贫困为主"①，以经济快速增长以及区域开发为主的农村扶贫模式对于相当一部分家庭劳动能力较弱、抗风险能力较差的"贫中之贫"效果不够显著。基于此，兰考县形成共识，认真学习领会习近平总书记提出的"精准扶贫"理念的概念内涵，形成"精准滴灌"的意识。

第二，兰考县通过对实践的反思，意识到贫困治理精细化程度不够，将直接影响到扶贫工作的成效。2014 年实现建档立卡之初，兰考县同全国大部分地方一样，存在着工作不细致、数据质量不高的问题，具体表现为简单"分指标"、"定任务"、村干部优亲厚友、"扶富不扶贫"、"扶强不扶弱"等。这些问题，导致了建档立卡质量不高、底数不清。在对农户的帮扶上，兰考县也存在"帮扶措施单一，停留在养牲口、种大棚两招上；对选派驻村干部工作重视程度不够，有些干部缺乏群众工作经验，却被派到复杂难点贫困村，扶贫工作难开展"②等问题。被动落实比较多、主动谋划比较少；同质发展比较多，因村施策比较少。因而，工作干了一茬又一茬，但村里面最困难的农户依然贫穷；产业发展了一拨又一拨，但真正留下来、立得住的少之又少。结果是不仅浪费了政策资源，也没实现好的效果。

第三，兰考县通过对现实的观照，意识到"大而化之"的工作方式会直接产生矛盾，影响干群关系。扶贫工作如何开展，老百姓看得最清楚，他们会据此形成对地方政府和基层官员的感性认识。建档立卡质量不高、底数不清、情况不明的问题出现，会使老百姓认为一切都还不是老样子，走走过场而已，有关系的有好处、会哭的娃儿有奶吃，从而对驻村工作队和村干部的信任反倒多了裂痕。部分群众因心生不满，不时缠告政府，长此以往将会陷入"塔西佗陷阱"。在帮扶阶段，因帮扶资源不均衡造成的"有的帮贫困户

---

① 朱晓阳：《进入贫困生涯的转折点与反贫困干预》，《广东社会科学》2005 年第 4 期。
② 孙志平、刘怀丕：《扶贫：只有精准才能见效》，新华网，2017 年 8 月 21 日。

盖了房，有的却没有盖房，有的给贫困户送东西多，有的给贫困户送东西少"①这种鲜明对比使老百姓形成不公和抱怨的负面情绪；因缺乏因村施策、因户施策的意识而导致的扶贫效果不佳，甚至给村里背上了沉重的债务，不仅无益于提振贫困户的脱贫信心，更直接降低群众对扶贫工作的信任和满意度。因此，兰考县认识到提升精准度不仅是脱贫攻坚的工作要求，也是改善干群关系的必由之路。

二、锤炼精准方法

形成精准意识，不只是要从思想上绷紧"精准"之弦，真正树立精准思维，更是要从行动上不断锤炼精准方法。具体来说，精准方法的锤炼主要体现在调查研究、绣花功夫、标准意识等方面。

第一，兰考县通过调查研究充分、真实的掌握实际情况，从而为精准施策、精准推进和精准落地奠定基础。兰考县在学习弘扬焦裕禄精神时，始终注重将焦裕禄同志"探求就里""吃别人的馍没有味道"的调查研究的求实作风与精准方略相结合，以获取最真实、最基础的资料。兰考县始终强调广大党员干部要深入一线、深入基层，要求党政主要负责同志坚持下乡走访、专题调研，各分管县领导持续开展"百日住村"活动，县级干部带头每周到分包联系村住一个晚上，科级干部每周到党支部结对村调研，村"两委"、驻村工作队每周遍访未脱贫户，每季度遍访所有建档立卡贫困户……以上无一不体现兰考县对调查研究的重视。要言之，兰考的精准来自各级干部日常化、基础性和动态性的调查研究，通过获取最真实、最基础、最新鲜的各类资料，形成对事物全面、深刻的掌握，从而实现精准。

第二，兰考县下足绣花功夫，一针一针、有条不紊地抓小抓细。精准思

<hr>

① 樊祥胜：《抢抓机遇　乘势而上　坚持强县和富民相统一　打赢脱贫攻坚战（上）——访党的十九大代表、开封市委常委、兰考县委书记蔡松涛》，《行政科学论坛》2017年第9期。

维要求"从大处着眼，从小处着手，落细落小，在每个细节处严格把关……于细微之处见精神，在细节之间显水平，排斥大而化之地抓工作"[①]。首先，兰考县扎实制好绣花"底板"，周密、全面地绘制脱贫攻坚宏伟蓝图，为最终绣花作品的完成确定明确的走向。具体来说，按照中央要求绘制好脱贫攻坚战的蓝图，地方党政主官作为第一责任人，做好统一部署安排，制定脱贫攻坚的时间表、任务书和路线图，发动政府行政组织机构，保障打赢脱贫攻坚战所需的人力、资金、项目等供给。其次，兰考县耐心找准绣花"针眼"，精心、细致地扎好每一个贫困人口的"针眼"，审慎、耐心地勾勒贫困人口在绣花图上的沿线走针。每一个贫困人口就好比一个针眼，兰考县通过找准贫困人口以扎好针眼，通过对贫困人口如何发展提出科学、合理的指导，并为他们提供有针对性的帮扶方式以清晰勾勒贫困人口的沿线走针。最后，兰考县注重绣花"针法"，用心体会绣花中的每一个环节，不断反思绣法，从而提升绣制技能，如精准识别"回头看"的开展推进了兰考县反思识别贫困户过程中的纰漏。

第三，兰考县以标准意识保质保量，在每一个细节处严格标准、规范程序，扎实认真地推进工作的高质量完成。首先，无论是档案规范、产业支撑、措施落实还是脱贫成效，兰考县都制定了清晰、明确的标准，使践行精准方略有了清晰明确的依据。其次，兰考县采用均等化标准，使践行精准方略有了客观和科学的依据。均等化标准不是统一化标准，后者是指不加区分的一致，而均等化标准是指根据具体情况，有针对性地采取措施。以精准施策为例，兰考县最初采取"一对一"的方式，即一个单位包一个村、派一个工作队，一名干部包几户。但各帮扶单位资源不同，工作队员的能力参差不齐，这也导致了村庄之间的不平衡。[②] 基于此，兰考出台了精准帮扶的12项政策，该政策对每一类贫困户都有具体可见的、一致的标准，不会再出现

---

① 尚传斌：《让精准成为一种工作习惯》，《中国纪检监察》2018 年 6 月 5 日。

② 樊祥胜：《抢抓机遇　乘势而上　坚持强县和富民相统一　打赢脱贫攻坚战（上）——访党的十九大代表、开封市委常委、兰考县委书记蔡松涛》，《行政科学论坛》2017 年第 9 期。

因帮扶人员的资源不均而导致帮扶对象受益不等的情况。最后，兰考县采用程序化的标准，使践行精准方略有了可预期、可操作的依据。程序化的标准贯穿于精准扶贫全过程，无论是扶贫干部还是扶贫对象，都知道在扶贫过程中自己走到了哪一个环节，还有哪些工作没有开展，从而使扶贫工作得以保质保量地完成。

三、融汇精准理念

第一，兰考县全面融汇精准理念，将"精准"二字落实于脱贫攻坚的每一项工作，实现"六个精准"。精准扶贫精准脱贫是一项系统的工程，搞准帮扶对象是前提与基础，项目、资金、措施、因村派人精准是措施和手段，成效精准是目标和落脚点。只有高标准落实每一环节的精准，才能实现精准方略的初衷。兰考县脱贫攻坚紧紧围绕"六个精准"，在扶持对象、项目安排、资金使用、措施到户等方面，结合实际制定有效措施，多次开展再识别、回头看，摸准贫困对象基本情况；对不同类型的贫困户量体裁衣，制定 12 项具体帮扶政策；帮助贫困户找准"穷根"、明确靶向，因户因人施策，实现了各环节的"精准滴灌"，扶贫工作真正见到实效。

第二，兰考县全程融汇精准理念，将"六个精准"落实到脱贫攻坚全过程。兰考县根据各个时期工作要求、减贫形势变化，不断完善精准扶贫政策体系、体制机制。三年脱贫期间，兰考县精准识别建档立卡户，并制定 12 项具体帮扶政策。成功实现脱贫摘帽以后，兰考坚持以"稳定脱贫奔小康统揽经济社会发展全局"，着力提升脱贫质量，巩固拓展脱贫成果。在精准识别"两类人群"（脱贫不稳定户、边缘易致贫户）的基础上，围绕着剩余贫困人口脱贫，兰考县继续践行精准方略。针对剩余贫困人口多是弱劳动力、资本和技能储备都非常有限的情况，兰考进一步选准带贫产业，不遗余力促进就业，形成了"5＋5"的产业就业帮扶政策，提升其增收能力。

第三，兰考县全员融汇精准理念，将"精准"思维烙刻于每一位兰考干部的心中，练就精准思维的"肌肉记忆"。在一次看望贫困户的过程中，一位县级领导看到贫困户着装单薄，便将自己穿着的大衣披在了贫困户身上。然而，当他将大衣披在贫困户身上时，宽整的大衣与贫困户瘦小的身材十分不协调。这位县级领导随后便反思，送给贫困户的大衣并没有派上用场，这位贫困户很可能将这件大衣送给其他亲戚，因为这件大衣对贫困户来说完全不合身。怎么样能够精准地帮扶到贫困户呢？怎么样将我们的爱心与贫困户的真实需求精准对接起来呢？这位县级领导对此认真思考，并形成了精准帮扶贫困户需求的爱心超市。这一件事是兰考全县干部随时、随地思考"精准"议题的缩影，可以说，精准理念已经融入干部的思想深处。

第二节　解决四个问题

2017年3月8日，习近平总书记在参加十二届全国人大五次会议四川代表团审议时强调指出：到2020年现行标准下农村贫困人口全部脱贫、贫困县全部摘帽，是我们党立下的军令状。脱贫攻坚越往后，难度越大，越要压实责任、精准施策、过细工作。要继续选派好驻村干部，整合涉农资金，改进脱贫攻坚动员和帮扶方式，扶持谁、谁来扶、怎么扶、如何退，全过程都要精准，有的需要下一番"绣花"功夫。精准扶贫精准脱贫是打赢脱贫攻坚战的基本方略，实践中兰考县通过沉心静气、细致入微、有条不紊的方式，一针一针恰到好处地将"绣花"功夫贯穿脱贫攻坚全过程。

一、摸清贫困"底数"

将贫困人口从贫困村中识别出来，是精准扶贫的基础与首要步骤。只有将真正需要扶持的贫困人口识别出来，才能最大化地有效利用扶贫资金和项目，避免资源浪费和供需错配。在通过民主评议和建档立卡的方式识别贫困人口的同时，兰考县主要通过以下方式摸清贫困"底数"。

第一，以科学、严格的要求规范建档立卡标准及程序，实现"摸清底数"。推进脱贫攻坚，摸清底数是工作基础。围绕摸清底数，兰考县在识别标准及识别程序上狠下功夫。在深入学习《国务院扶贫办关于印发〈扶贫开发建档立卡工作方案〉的通知》（国开办发〔2014〕24号）要求的基础上，出台《兰考县扶贫开发建档立卡工作实施方案》，并通过科学规范的标准指导精准识别工作的展开。在识别标准上，三年脱贫期间，兰考县严格执行农民人均纯收入标准，统筹考虑"两不愁三保障"因素，通过一看粮、二看房、三看劳力强不强的方式现场核算家庭人均纯收入；将"八优先、八不评"作为民主评议的方案，从而精准识别建档立卡户。在识别方法上，兰考县严格按照"一进二看三算四比五议六定"六步工作法和"四个必到"的要求走访农户，进行排查和识别；对新识别的农户，按照"两公告一公示"的程序确定扶贫对象名单。在识别程序上，严格遵照"初选对象—村'两委'、村民代表及工作队评议—贫困户初选名单公示—报送乡镇政府—贫困户初选名单核实—贫困户核实名单公示—报送县扶贫办—确定贫困户名单—建档立卡—信息录入"的步骤。

　　"八优先"：缺少基本生活生产资料的困难家庭优先；丧失劳动能力的残疾人的困难家庭优先；因病导致家庭负债巨大的困难家庭优先；遭受自然灾害损失巨大的困难家庭优先；孤儿寡母的困难家庭优先；因子女上学导致的困难家庭优先；有劳动能力致富愿望强烈的贫困家庭优先；自身经济困难且乐于帮助他人的贫困家庭优先。

　　"八不评"：申请是已在本辖区以外地区居住1年以上的家庭不评；申请是家庭年人均纯收入低于扶贫标准但家庭实际生产生活水平达到或高于扶贫标准的家庭不评；有参与吸毒、赌博、嫖娼等严重违法行为的家庭不评；有劳动能力和劳动条件而不自食其力造成生活困难的家庭不评；家庭不和睦导致家境不好的家庭不评；子女条件较好而不履行赡养义务的家庭不评；家庭生产有雇工的家庭不评；违反计划生育政策导致贫困的家庭不评。

"一进"指摸清底数，重点查看申请户、困难户、边缘户；"二看"指看房子、家电等生活设施；"三算"指逐户计算收入和支出，综合考虑教育、医疗等刚性支出；"四比"指与邻里比生活质量；"五议"指逐户评议，公示公告，群众认可；"六定"指贫困户认定、全村群众认定、村"两委"认定、工作队认定、乡镇政府认定、县委县政府认定。

——资料来源：兰考县扶贫办

第二，以认真、负责的态度积极纠正识别偏差，做到"应纠则纠"、动态调整。一方面，面对瞄准偏差，兰考县不回避矛盾、不掩盖问题，而是本着精益求精、认真负责、实事求是、有错必究的态度，积极筛查问题、解决矛盾，做到"应纠则纠"。自2015年"审计署审计指出兰考县'六类'不合格贫困户1042户"[①]后，兰考县多次开展精准再识别，对全县的贫困人口、贫困程度、致贫原因等进行逐户摸底排查：同年3月，主要对全县贫困人口进行再识别；6月，重点排查2015年预脱贫户；10月，对全县所有行政村开展排查，并将最新因病因灾致贫的纳入贫困户范围；12月，对贫困户扶贫工作开展情况进行抽查式暗访；次年3月，开展精准识别"回头看"。另一方面，兰考县及时更新数据，注重数据的动态调整，包括未脱贫人口的脱贫标准、贫困人口的新识别纳入、已脱贫人口的返贫标注、建档立卡人口自然变更、建档立卡户信息采集和更新、脱贫村信息采集和更新等。脱贫摘帽之后，兰考县精准识别"两类人群"（脱贫不稳定户、边缘易致贫户），抓实"两类人

[①] 国家审计署审计六类问题包括：1.扶贫对象中参办企业出资大于3万元；2.扶贫对象中的公职人员；3.扶贫对象中买车车价大于3万元；4.扶贫对象中买房房价大于10万元；5.扶贫对象中卖房情况；6.扶贫对象中缴纳养老金人员工资基数大于1000元。

群"的动态监测和及时帮扶，持续巩固拓展脱贫成效。

第三，以细致、动态的方式建立标准化档案，推进"因户施策"。按照习近平总书记"把贫困人口、贫困程度、致贫原因等搞清楚，以便做到因户施策、因人施策"[①]的要求，兰考县在全省率先开展了包括扶贫手册、贫困户信息、帮扶情况等11项内容的标准化档案建设，实现一户一个编号、一户一个档案。"一户一档"的建立，为精准施策全过程提供最基础的资料，同时细化了贫困户各项信息指标，明确了帮扶责任人，记录了帮扶措施、脱贫过程及成效，确保了因户施策、精准脱贫"不落一户，不少一人"。在稳定脱贫奔小康期间，由扶贫办组织抽调稳定脱贫奔小康工作标兵、业务骨干等260人组成排查组，在全县范围内开展一次对脱贫户、未脱贫户和边缘户"三类人员""横向到边、纵向到底"的拉网式大排查活动。针对脱贫户持续帮扶，稳定实现"两不愁三保障"，确保每户均有两项以上的增收渠道和收入来源，巩固提升脱贫质量、脱贫成果；针对未脱贫户，详细掌握家庭成员、住房、医疗、就业、产业、收入来源、致贫原因等基本情况，及时提供各种帮扶，迅速改变联系户家庭环境面貌，针对未脱贫户按照"因户制宜、一户一策"，实施针对性帮扶，确保如期脱贫不掉队；针对边缘户，通过联系帮扶改变现状不致贫。

二、汇聚攻坚合力

为了解决"谁来扶"的问题，兰考县精准研判多方力量的突出优势，从而有针对性地弥合脱贫攻坚的瓶颈，汇聚攻坚合力，壮大建强脱贫攻坚队伍。

一是结合党员干部的引领优势，充分发挥各级党员干部的先锋模范作用。"干部不领，水牛掉井"，打赢脱贫攻坚战首先在于发挥好各级干部作

[①]　《习近平谈治国理政》第二卷，外文出版社2017年版，第84页。

用。一方面，充分整合各部门各单位资源和优势，引导全县领导干部深入基层。强调"县级干部领着干"，发挥率先垂范的带头作用；以驻村工作队为主体，营造"各级干部抢着干"的氛围；对450名村党支部书记进行轮训，开展"三联三全"（县级领导联系重点项目和贫困村、科级干部联系软弱涣散村和政策兜底贫困户、机关在职党员联系一般贫困户和贫困党员）活动。2018年组建454个稳定脱贫奔小康工作队，持续开展驻村帮扶。另一方面，重视发挥基层干部的作用，将更多决策权下沉到更了解情况的基层。将返乡创业者、专业大户、退伍军人中的优秀党员，选拔为村党支部书记；建立由523名优秀党员组成的村支部书记后备库，补足"源头活水"。通过上述方式，补充脱贫攻坚基层干部力量。

二是结合市场和社会的效率与资源优势，构建政府、市场、社会协同推进的"大扶贫"格局。政府是贫困治理的主导力量；市场能够拓展扶贫开发的资源、优化资源配置、提高减贫与发展的效率；社会力量有助于积聚广泛的社会资源、以灵活和适合的方式回应贫困问题、提升贫困人群自我发展能力、捍卫其经济社会效益。因而，综合运用政府、市场、社会三种机制是"精准扶贫"的要旨所在。[1] 以金融扶贫为例，在中国证监会的指导下，兰考县探索建立"三位一体"的金融扶贫模式，即将财政扶贫资金作为风险补偿金存入银行，银行扩大10倍按基准利率放贷给企业，支持企业发展；同时企业拿出贷款额的10%作为扶贫资金，交乡镇政府用于扶持贫困户，实现政府、银行、企业、贫困户"四赢"。

三是结合贫困群众的首创精神，充分激活贫困群众的内生动力。"脱贫致富终究要靠贫困群众用自己的辛勤劳动来实现。没有比人更高的山，没有比脚更长的路。要重视发挥广大基层干部群众的首创精神，让他们的心热起

---

① 吕方、梅琳：《"精准扶贫"不是什么？——农村转型视阈下的中国农村贫困治理》，《新视野》2017年第2期。

来、行动起来，靠辛勤劳动改变贫困落后面貌。"贫困群众不仅是脱贫攻坚的对象，而且更是脱贫致富的主体。① 兰考县坚持将扶贫与扶志相结合，注重培育贫困农户的内生动力，注重贫困农户内生发展能力的提升：通过教育扶贫，保障贫困学生能够完成学业，从而阻断贫困代际传递，兰考县教体局自筹资金 5300 万元，对全县贫困家庭在校学生给予每生每年 300—5000 元不等的资助；通过针对性技能培训，使有劳动能力的扶贫对象能够掌握就业技能，已有 5.8 万人次得到培训；通过健康扶贫，有效破解贫困农户因病致贫、因病返贫的困境；按照"五不五有"（不能住危房，要有大门和围墙；不能没门窗，要有玻璃和纱窗；不能没家电，要有电视和电扇；不能没家具，要有床柜和桌椅；不能脏和乱，环境要有改变）开展"春风行动"，按照"五净一规范"（院内净、卧室净、厨房净、厕所净、个人卫生净和院内摆放规范）标准，社会各界齐动手，大力改善兜底户生活条件和精神面貌，提振脱贫信心；通过"爱心美德公益超市"，激发贫困群众勤劳致富的积极性和主动性。简言之，兰考县通过技能培训、教育和医疗等基本公共服务的供给、精神面貌的改善等多方面全面促进贫困人口内生动力的激活、可持续生计能力的增强以及基本保障制度的完善，积极发挥贫困群众的主体作用，引导他们通过自己的辛勤努力实现脱贫致富。

三、完善政策体系

习近平总书记强调：要坚持因人因地施策，因贫困原因施策，因贫困类型施策，区别不同情况，做到对症下药、精准滴灌、靶向治疗，不搞大水漫灌、走马观花、大而化之。通过找准县域发展路子，选准贫困群众的帮扶措施和用准项目的帮扶资金，兰考县实现了"滴灌式"的扶贫作业。

---

① 黄承伟：《激发内生动力　指引中国稳定脱贫实践》，《中国教育发展与减贫研究》2018 年第 1 期。

（一）立足本地特色，找准发展路子

产业是强县之本、脱贫之基，产业的发展壮大有利于为贫困农户大量提供入股获得资产性收益、就业获得非农收入的机会。然而，产业的发展路径多种多样，只有选择合适的发展路子，才能够真正实现发展产业的初衷。结合县域实际，兰考县在选择产业时主要注重以下两个方面的问题：一是结合兰考群众的资源禀赋，选群众会干、敢干的产业。目前，有劳动能力的农民基本都在外打工，在家留守的大多是老人、妇女、儿童，一些技术要求较高的工作，贫困户往往难以胜任。因而，兰考县紧密结合当地群众的资源禀赋。一方面，选择有技术基础，广大贫困群众能干、会干的产业，特别是在当地较为有生产传统的种养殖和加工项目；另一方面，充分考虑贫困群众的发展意愿，选择群众"敢干"的产业。任何产业都有风险，而贫困农户的资金少，风险承受能力较低，因而产业扶贫项目的选择及其运营和管理就需要投入更多的关注，通过不断完善生产体系、产业体系、经营体系和服务体系的方法，不断提升产业发展的质量，从而实现有效性、安全性和益贫性的统一。二是结合兰考县域的发展规划，选有前景、有意义的产业。越是贫困县谋划产业，越不能犯急躁病，想着"捡进篮子都是菜"，盲目引进项目，必然会影响发展质量，带来浪费和挫折。兰考县在谋划产业的过程中，注重以发展性的眼光，放眼未来发展，注重发展以循环经济和高新技术为主的战略性新兴产业，从而为兰考的高质量发展奠定基础。以兰考的品牌家居为例，原有的板材加工主要由杨树等构成，而现在则主要用秸秆、果树枝来加工刨板，围绕绿色产业进行布局。另外，在布局产业中，也注重县城、乡镇、农村的区域分布，确保老百姓在乡镇、在村庄都有就业岗位。

（二）结合群众特点，选准帮扶措施

一是实施多元的就业帮扶计划，拓宽增收途径。一方面，全方位实施帮扶、多渠道促进就业。对于18—45岁的青壮年劳动力，引导其在县内龙头企业稳定就业，并逐步吸纳外出务工人员返乡就业；对于45—55岁的中年人群，引导其在乡镇特色产业园区和群创产业中就业，实现在家门口稳定就业；对于农村留守妇女和老年人，依托"一村一品"示范区实施"巧媳妇"工程，引导其在村庄扶贫车间和群创产业就近就业。另一方面，针对没有稳定就业能力的群众，兰考县帮助其力所能及地勤劳致富，如开发美丽家园管护员等公益性岗位安置55岁以上不能稳定就业的人群稳定就业。通过以上扶贫政策的落实，确保所有建档立卡贫困户都有相对稳定可靠的收入来源和增收渠道。

二是制定有针对性的具体帮扶政策，丰富帮扶类别。对已脱贫户，实施保险、产业扶贫、外出务工补助、大学生补贴、危房改造、雨露计划等6项政策，确保其稳定增收不返贫。对一般贫困户，除落实以上6项政策外，增加医疗救助、中小学教育救助、光伏扶贫3项政策，确保贫困户不因学、因病致贫；利用到户增收、小额担保贷款等资金，支持发展"种养加"项目，确保稳定脱贫不返贫。对兜底户，除落实以上9项政策外，将兜底人员全部纳入低保，60岁以下人员给予临时救助，人均土地不足1亩按每亩收益500元差额补助等3项政策，确保兜得起、稳得住。脱贫摘帽后，兰考县坚持脱贫不脱政策，除认真落实12项扶贫措施外，加大对已脱贫户、一般贫困户、兜底户的政策保障力度。进一步出台了稳定脱贫助力小康的教育、医疗、住房"三保障"措施和产业发展、就业创业、金融支持、设施农业保险、标准化厂房补助"五项政策"，为稳定脱贫奔小康工作提供坚实政策保障。

（三）依据项目需求，用准帮扶资金

为了解决好怎么扶的问题，2013年中共中央办公厅、国务院办公厅联合印发《关于创新机制扎实推进农村扶贫开发工作的意见》，要求扶贫项目审批权下放到县，实行责任、权力、资金、任务"四到县"制度。脱贫攻坚期间，兰考县进一步将资源配置重心下移，建立了"先拨付、后报账，村决策、乡统筹、县监督"的资金分配运行机制，运用"四议两公开"的方法，由村委自主决定实施项目，实现了贫困村和贫困户从"等安排"到"拿主意"、从"受益对象"到"业主"的转变。县一级则利用整合涉农资金试点县的政策优势，进一步巩固和完善专项扶贫、行业扶贫、社会扶贫"三位一体"的大扶贫格局。以行业扶贫为例，由扶贫办牵头谋划协调，实行台账化管理，纪检监察部门督促落实，推动贫困村基础设施和公共服务整体提升。每年6—8月列出下一年的攻坚任务清单，部门乡镇围绕清单报项目，县里整合资金，研究确定资金投向，既解决了"吃偏食"的现象，又避免了重复浪费，使资金更加聚焦于脱贫攻坚。在项目谋划上，严格按照"资金跟着项目走、项目跟着规划走、规划跟着脱贫目标走、目标跟着扶持对象走"的原则，认真谋划筛选完善项目库建设。统筹使用整合涉农资金，重点实施了产业扶贫、基础设施、公共服务、能力建设和社会保障等项目。对整合资金统一管理、项目统一审核并严格公示公告。

四、严守退出质量

第一，树立以脱贫为荣的鲜明导向。在脱贫的过程中，大多数贫困户脱贫意愿较强，但仍有部分贫困户存在脱贫不退贫、脱贫不摘帽的现象。究其原因，在于贫困户享有一系列优惠政策，部分贫困户主观能动性较低、依赖心理较强、自我发展信心不足，因而形成了"不想退、不愿退、害怕退"的心理，影响了全县贫困退出工作的真实性和工作进度。针对上述情况，兰考县开动脑筋，不断尝试各种有益形式，破解脱贫户不愿退贫的心理：通过召开宣讲会、编唱"扶贫政策七字歌"等常态化宣讲等形式加强对贫困户的政策宣传和教育引导，已脱贫户通过讲述自身进出贫困户的时间、程序、扶贫政策、自身享受到何项政策、怎样脱的贫、算清脱贫账；通过

"脱贫示范户评选会"等物质和精神奖励的形式加强典型示范引领、总结推广脱贫典型，为脱贫示范户颁发奖牌和奖品，并引导"脱贫示范户"选择一户未脱贫户结对帮扶，未脱贫户选择一个增收致富项目，从而用身边人、身边事示范带动，营造勤劳致富、光荣脱贫氛围；通过干劲评比、"红黑榜"等形式，促进群众比学赶超，提振精气神；通过坚持贫困人口在一定时期内国家原有扶贫政策保持不变，支持力度不减，留出缓冲期，做到脱贫摘帽不摘政策、扶上马再送一程，从而巩固拓展脱贫成果、坚定贫困户生活信心。总之，兰考县通过教育宣传、典型示范、比学赶超、巩固政策等方式从精神源头上疏解了脱贫户不愿摘帽的心理障碍，变原来的"被动认账"逐渐转为"主动算账"。

　　焦裕禄在兰考县任职县委书记时，为了抵抗自然灾害，改变兰考的面貌，曾树立了四面红旗：韩村的精神，秦寨的决心，双杨树的道路，赵垛楼的干劲儿。当年，赵垛楼低洼易涝，庄稼连续7季绝收，全村人与暴雨内涝搏斗，40多天一连挖出了几百条沟渠，以"干劲"闻名。然而，50多年来赵垛楼村都没有摆脱贫困，甚至2016年焦裕禄曾树立的其他"三面红旗"都脱贫了，只有赵垛楼村还是贫困村，经过逐户摸排走访，葡萄架乡党委书记岳建河发现，村里最突出的问题就是村民懒散，没有干劲儿，普遍存在等靠要思想。于是，岳建河发明了"干劲评比大会"，从"贫中之贫"入手。岳建河把最穷的10户贫困户召集起来，像"过堂"一样，让他们一个个说自己春节都干了什么。这是他发明的"每周干劲评比会"，每个人都要现场投票打分，每周前三名有奖品。自从有了干劲儿评比会，赵垛楼村贫困户的精神面貌渐渐发生了变化，每次评比之后，村支书王建胜都会组织大伙互相观摩每户的家庭变化，几轮下来，贫困户之间也暗暗较起了劲儿。评比观摩的过程，既避免了在评比过程中，个别贫困户自说自话，又可以让他们之间互相比较和学习。让落后的存了羞耻心，让勤奋的有了奖励。自从有了评比和奖励的机制，贫困户们自己动了起来，为的就是在评比中不排在最后，丢了面子。①

第二，明确和落实贫困退出的标准。贫困户退出方面，严格按照"1＋2＋3"（即主要衡量人均年纯收入稳定超过国家扶贫标准、"两不愁三保障"）的贫困户退出标准；贫困村退出方面，在省定贫困村退出"1＋7＋2"（即贫困村贫困发生率降至2%以下，基础设施建设和基本公共服务等7项指标达到标准，统筹考虑产业发展和集体经济）标准的基础上，自我加压，主动增加5项内容（即脱贫发展规划、帮扶规划、标准化档案建设、兜底户精神面貌改观、政策落实），形成了"1＋7＋2＋5"退出标准体系。贫困县退出方面，按照"三率一度"（即抽样错退率、漏评率、贫困发生率、群众认可度）标准。

第三，严格执行贫困退出程序。贫困户退出方面，在充分动员部署、组织开展培训的基础上，严格按照"1＋2＋3"的贫困户退出标准，逐户核查贫困户家庭状况，并按照"两公示、一公告"程序，对脱贫户、返贫户和新致贫户进行公示公告，实施贫困户有序退出。贫困村退出方面，由乡镇提出书面申请，县调查核实组对预退出贫困村入村调查、摸底核实；对符合退出标准的，在乡镇政府所在地和村内公示；无异议后，由县扶贫开发领导小组审核公告退出。贫困县退出方面，2016年10月聘请中科院地理科学与资源研究所作为第三方，对全县贫困退出工作开展初验，通过对7个乡镇27个贫困村实地调研、综合评估，兰考退出可行度为95.68%，可稳定退出。12月，对照贫困退出标准，兰考县再次自查后正式向省扶贫开发领导小组提出贫困退出申请。2017年1月9日至21日，国务院扶贫办对兰考县贫困退

---

① 《兰考：会它千顷澄碧》，《求是》2019年第1期。

出开展了第三方评估。反馈结果可行度为98.96%，综合测算贫困发生率为1.27%，符合贫困县退出标准。

第三节　取得多重成效

兰考县践行精准方略的成效是多个层面的，其直接成效是"贫中之贫"被精准地识别出来，并得到了有针对性的帮扶，从而摆脱贫困；每个建档立卡户都能甩掉"穷帽子"，汇聚起来便是消除绝对贫困现象的丰硕果实；在帮助他们脱贫的精准施策过程中，也直接改善了县域的基础设施、产业基础、经济社会面貌。其溢出成效是"贫中之贫"的切实脱贫历程感染了群众，他们通过口口相传自发地生成对党的真挚情感；通过一件件精准识别、精准帮扶的具体工作，干部自觉地形成了"精准意识"，并将其融入于各项工作之中；通过一桩桩精准脱贫的效应，干部的成就感激发了更强烈的干劲，干群关系得到了进一步升华。

一、践行精准方略的直接成效

通过形成精准扶贫精准脱贫的工作机制，是兰考县打通"最后一公里"，最贫穷、最需要帮扶的人得到了政府与社会的关心，他们通过外界的帮助与自身的努力成功摆脱贫困。在兰考县，每一位已脱贫的农户都是见证兰考践行精准方略伟大成就的见证者。如果没有精准方略的实施，也许他们淹没于区域快速发展的宏大叙事之中，成为一个个光明灿烂的发展成就之下暗淡无光的微弱光斑，无力却又苦痛地挣扎于"贫穷"的泥沼之中。而通过精准方略的践行，贫困人口逐一精准查找出来，并得到了有针对性的帮扶，最终摆脱贫困，品味脱贫之后的甘甜果实。对这一过程的如实记载足以编写出一部部厚重的、振奋人心的、令人热泪盈眶的故事书。

通过完善精准扶贫精准脱贫的政策体系，兰考县建档立卡贫困农户逐渐摘掉"穷帽"，最终取得了兰考县消除绝对贫困现象的卓越成就，高质量实现了中央关于脱贫攻坚的总体目标。2014年建档立卡之初，兰考全县有贫困村115个，贫困人口23275户77350人，贫困发生率10.2%。通过三年脱贫攻坚，兰考累计7万余人脱贫，其中2014年实现脱贫5063户19360人；2015年实现脱贫10843户37556人；2016年实现脱贫5310户12675人。[①]2017年2月27日，经国务院扶贫开发领导小组第三方评估并经河南省政府批准，兰考县正式退出贫困县序列，成为河南贫困退出机制建立后首个脱贫摘帽的贫困县。兰考全面高质量实现了《中共中央　国务院关于打赢脱贫攻坚战的决定》中提出的"农村贫困人口不愁吃、不愁穿，义务教育、基本医疗和住房安全有保障。贫困地区农民人均可支配收入增长幅度高于全国平均水平，基本公共服务主要领域指标接近全国平均水平"的既定目标。脱贫摘帽以后，兰考县坚持摘帽不摘政策，按照"应联尽联、不漏一户"的原则，对贫困群众中的"坚中之坚、难中之难"进行重点帮扶。至2020年11月，最后3户10人成功脱贫，标志着兰考兑现了"三年脱贫、七年小康"的"军令状"，实现了"不落一人"的全面小康。

通过精准扶贫精准脱贫的政策扶持，兰考县基础设施不断完善、产业基础不断壮大、社会事业显著改善，县域高质量发展体系初步形成。为了精准帮扶贫困户，"三年脱贫、七年小康"的拼搏奋斗历程中，兰考县在基础设施、产业基层、经济社会面貌等方面不断完善。基础设施方面，兰考的路更畅了，地更绿了，夜更亮了，城乡变得越来越整洁有序。要想富，先修路，以道路建设为例，兰考县建成"农村四好公路"179.8公里，实现了全县454个行政村通硬化路。产业发展方面，初步形成了以品牌家居、绿色畜牧、循环经济三个主导产业和智能制造、文旅培训两个特色产业为核心的产业体系。社会事业方面，全县教育体系进一步完善，各类学校数和在校生数

---

① 黄承伟、吕方：《兰考：县域治理与脱贫攻坚》，研究出版社2020年版。

均有显著增长且各阶段教育体系完备；医疗卫生事业显著改善，医疗卫生水平不断提高；县域社会保障体系建设基本完善等。农民生活水平方面，全县国民生产总值由 2014 年的 213.95 亿元增长到 2019 年的 389.87 亿元，年均实际增长 9.61%。

二、践行精准方略的"溢出效应"

溢出成效之一是，建档立卡贫困户实现了从"贫中之贫"到摆脱贫困的转变历程，脱贫故事发生在贫困农户及他们身边的亲友、邻里，他们口口相传，中国共产党执政为民的形象更加立体、形象、丰富。调研组在走访谷营镇曹庄村时，遇到了一位 79 岁的老人，他和聋哑的儿子居住在一起。在简陋的小院子里，这位老人在平房的四周种满了青菜。显然，他和家人不需要吃那么多青菜，他种青菜主要是为了免费送给周边的敬老院。他并不知道该怎么样去表达自己送爱心菜的初衷，他只是热泪盈眶地告诉我们"党好、国家好、政策好……国家关心我，我也要关心国家……"这位出生于新中国成立之前的老人，见证了祖国从积贫积弱走向繁荣富强。祖国在富起来、强起来的历程中，从未忘记过还有一些尚未走出贫穷的人民，对他们的关怀，既是党和国家的初心与使命所在，也让广大人民群众切实看见并体会到中国共产党执政为民的初心，党的执政基础得到进一步巩固。

溢出成效之二是，随着精准扶贫工作的开展，老百姓看在眼里，暖在心里，他们对兰考干部交相称赞，不约而同地感叹"焦裕禄又回来了"！深入实施精准扶贫精准脱贫的基本方略，实际上就是践行党"实事求是"思想路线和从"群众中来到群众中去"工作路线的生动体现。[1] 经过多轮严格细致的"回头看"，"扶持谁"说清楚了，老百姓也从一开始的质疑、观望、拒斥，

---

[1]　龚冰、吕方：《"摘帽县"如何巩固拓展脱贫成果？——基于兰考县案例的思考》，《甘肃社会科学》2020 年第 1 期。

逐渐理解和接受扶贫干部。可以说，识别的精准，使兰考县迈出了走出"塔西佗陷阱"的第一步。为了精准施策，驻村工作队与村民朝夕相伴，话家常、聊生产，同吃同住同劳动，看贫困户和村里需要什么，谋划村里咋发展，老百姓和干部们在频繁的互动交流中增进了感情、增进了信任。乡亲们不约而同地对干部们竖起了大拇指，他们纷纷称赞："焦裕禄又回来了！"可以说，精准方略给了干部农村工作和群众工作的方法，扶贫扶到了点上、扶到了根上，也因而扶到了群众的心里。

溢出成效之三是，练就了基层政府"精准理念"的肌肉记忆，并对其他工作也起到了推进作用。在一件件或大或小的具体工作中将"六个精准"要求贯穿脱贫攻坚始终，精准理念逐渐融入兰考干部的骨髓里，成为他们的肌肉记忆，并对其他工作也起到了推动作用。一方面，通过"精准扶贫"的识别与动态调整、"帮扶方案"的精细设计与反复锤炼，兰考干部在实践中练就了一身"精准"的本领：扶贫标准愈加清晰，扶贫过程更为规范，帮扶方案更为切合，扶贫扶到了点上、扶到了根上。另一方面，在长期的、反复的实践中，兰考干部将原本需要加以强调的"精准"要求融入血液，成为一种不需提醒便会自发生成的思维定式。2020年新冠疫情暴发以来，兰考县曾面临农产品渠道不通、售卖难等问题。针对此问题，兰考县精准对接销售渠道，全县454个驻村工作队积极协助村（社区）带贫企业、合作社农副产品进行平台销售，通过"农购网"实现"点对点"精准对接产品。

溢出成效之四是，精准扶贫的实践，增进了干部的乡土情感和农村工作能力，振奋着扶贫干部继续前行，成为一支"永不走的工作队"。要学会游泳，就必须先下水，精准方略的实践为兰考干部们提供了广阔的舞台，为他们施展才华实现抱负提供了充足的空间。在此过程中，干部们通过丰富的培训不断提升理论水平、通过大量的实践不断增强工作能力，"本领恐慌"得以消除。同时，他们用脚步丈量每一寸土地，站在如今整洁、有序、走向富裕的村庄，有他们曾流下过的酸涩泪水、洒落过的辛勤汗水；他们用心去感受一张张的笑脸，沉醉如今群众的信赖、尊重、夸奖与甜美醉人的微笑，是他们通过耐心耐烦的沟通、夜以继日的劳动赢得的。这片广阔的农村土地给扶贫干部（包括县乡相关部门干部、第一书记、驻村工作队、其他帮扶干部、村"两委"干部等）既提供了施展才华的空间，又帮助他们获得了成就感。他们更真切地体会到习近平总书记以人民为中心发展理念的厚重情谊，更深入地增进了对农村、农业和农民的感情，也吸引他们扎根农村，做一支"永不走的工作队"。

第四章　求索共享发展

在"三年脱贫、七年小康"接续拼搏奋斗的历程中，兰考产业扶贫和就业扶贫工作深入推进，实现了从无到有、从有到优的转变。在习近平总书记关于扶贫工作重要论述的指引下，兰考摒弃盲目承接产业转移的传统模式，坚持贯彻落实新发展理念，立足兰考特色优势，坚持"强县与富民统一"，在提升产业扶贫和就业扶贫效益的过程中，实现了县域经济高质量发展和县域新型城镇化的有序推进。兰考的经验，对于其他摘帽县具有启示和借鉴意义，尤其是要将巩固拓展产业扶贫就业扶贫成果同共享发展模式、同县域高质量发展紧密结合。

第一节　找准发展路子

发展产业扶持就业，是解决贫困问题的根本之策，是实现"输血式"扶贫到"造血式"扶贫跨越式发展的根本动力。产业扶贫和就业扶贫作为脱贫攻坚工作的重要抓手，以其独特的组织形式及特点、功能，能够有效带动农户参与产业发展；并在参与过程当中，激发农户内生动力，增强农户自身能力，培育贫困地区的"造血"功能，真正实现贫困地区及贫困户持续稳定的发展。在脱贫攻坚过程中，兰考县域农村贫困地区各方面短板因素迅速补齐，内生动力初步形成，在新发展理念的指引下，不断做优产业扶贫和就业扶贫，逐步提升产业和就业带贫能力。

一、找短板

2014 年 4 月，根据国务院扶贫办统一部署，兰考县启动了对全县贫困村和贫困户的建档立卡工作，以此"摸清底数"，为后续的政策扶持提供决策依据。建档立卡共识别出贫困村 115 个，贫困人口 23275 户 77350 人，贫困发生率达到 10.2%，其中非贫困村贫困人口占 1/3。根据统计分析，兰考建档立卡贫困户中普通劳动力 36275 人，技能劳动力 301 人，丧失劳动力 4484 人，无劳动力 23869 人，也就是说，兰考县有约 3.6 万人可以通过发展生产和扶持就业来解决贫困问题。但另一方面来看，兰考产业基础较为薄弱，农业经济以传统籽粒作物为主，农业产业化基础非常薄弱；工业所能带动的就业亦比较有限。因此，如何解决产业从无到有的问题，是兰考脱贫攻坚绕不开的一个"关键"。这其中，农业现代化的主要难点则在于农业基础设施较为薄弱，特别是农田水利设施建设标准低，配套能力差，抵御自然灾害的能力不强；农村电网配套设施不完善，供电不足；公路网络化程度低、等级差。农业产业基础弱，供给侧改革任务重，如何选准适合当地的产业，逐步发展壮大起来，同时带动贫困人口增收，是产业扶贫工作的关键。从工业领域来看，兰考缺乏发展项目支撑，主导产业不突出，由于远离区域经济中心，公路铁路交通较为不便，因而区域发展存在较高成本，工业和服务业占比不高，所能提供的非农就业岗位较为有限，对就业带动作用较小。此外，从建档立卡信息来看，兰考贫困劳动力有技能者占比很低，绝大多数建档立卡户属于无技能、弱技能群体，且面临着缺资金、缺信心等多重困难。可以说，如何补齐这些产业短板，成为兰考谋划县域发展和脱贫攻坚的最重要问题之一。

二、谋出路

基于对减贫形式与发展态势的深度分析，兰考县明确了产业精准扶贫的思路，从产业扶贫项目的有效性、安全性、益贫性以及长远性出发，找准发展路子，利用好地方特色优势资源，因地制宜地谋划地方性产业扶贫模式。

立足禀赋与特色，选准产业项目。从县域层面找准发展路子，意味着要坚持高质量发展理念，立足地方特色优势，选准主导产业和特色产业，摒弃盲目承接产业转移的旧思路，着力构建高质量发展的产业体系。一是持续壮大家居制造及木业加工产业。在产业集聚区，以强县为目的，完善产业链条，依托恒大家居联盟产业园，打造品牌家居产业集群；在乡镇，以富民为目的，突出产业配套、链条延伸，打造了南彰镇、红庙镇门业加工产业园，孟寨乡、闫楼乡建筑模板产业集群；在农村，支持发展群创产业，打造"一村一品"示范村。二是大力发展食品及农副产品深加工产业。确立以龙头企业引领、规模养殖支撑、饲草种植配套"三位一体"的畜牧产业化格局，明确了"鸡、鸭、牛、羊、驴"5个以畜牧产业为重点的发展思路，并着力产品可追溯性，打造兰考标准化绿色品牌，从源头上保障食品安全。三是加快培育战略性新兴产业。围绕阶段性的就业压力和长远的科技培育，对原有吊装机械产业升级，对小化工企业转型，依托格林美循环经济产业园、光大环保静脉产业园，打造国家级循环经济产业园；依托富士康产业园项目，规划建设融产业发展、三产配套、科技研发为一体的兰考科技园；抢抓国家消化钢铁产能机遇，盘活原有百基橱柜项目闲置厂房，与杭萧钢构、新蒲远大开展合作，建设钢结构、混凝土住宅产业化生产基地。

牢牢把握县域治理"三个起来"要求。认真贯彻习近平总书记县域治理"三个起来"的思想，把强县和富民统一起来，将县域经济发展与脱贫攻坚事业紧密结合，深刻认识到"强县"与"富民"的辩证统一关系；把改革和发展结合起来，用改革创新的思路破解发展中的难题，增强县域经济综合实力，带动提升农村发展水平；把城镇和乡村贯通起来，推动城镇基础设施向农村延伸，城镇公共服务向农村覆盖，城镇现代文明向农村辐射，推动人才下乡、资金下乡、技术下乡；在城乡统合发展视域下推进产城融合发展，注重城镇化与产业化的相互关联性，以"产、城、人"互动为基点，构建"产、城、人"互动的有机体系，形成城乡融合发展、产城融合的良好局面。

第二节　提升带贫能力

产业扶贫的核心在于用发展的办法带动贫困人口脱贫增收，提升其自我可持续发展的内生能力。因此，提升发展的益贫性，推动共享发展，是产业扶贫区别于一般发展项目最为核心的特点，也是评价产业扶贫项目绩效良窳的关键因素。在全面建成小康社会背景下进行的这场脱贫攻坚战中，兰考县以建档立卡贫困户增收、农户共享发展为根本导向，深入推进产业化发展，通过"种养＋"方式梯次递进、层层增效，带动广大群众稳定增收。提升产业带贫能力，首先要坚持高质量发展产业扶贫，做到因地制宜走现代农业发展道路，以市场需求为导向，推进产业高质量发展；要培育龙头企业，做好特色品牌的打造和推广，做好农产品精深加工，延伸农业产业链条，提升农产品附加值；要探索利益联结机制，让农民参与其中，增强产业的益贫性；要坚持创新精神，不断探索新的产业发展模式；要不断开发和提升县域人力资本，确保脱贫的稳定性。

一、探索利益联结机制

建立有效的利益联结机制，在激活贫困地区沉睡的土地、劳动力等生产要素的同时，注重通过人力资本建设、利益联结机制建设，增强贫困人口参与、分享发展成果的能力。在产业精准扶贫过程中，不仅仅是依靠大户、外来资本、乡贤的力量，更需要强调将村庄内部的普通农户和贫困户带动起来，强调村民的参与对贫困户的益贫效果。村"两委"参与内外部资源的衔接，企业参与管理及技术支撑，农户通过自我发展产业、参与务工或入股等形式，激发自身发展意愿和学习实用产业技术的动力，不断提高内生动力，最终改变贫困面貌和落后思想观念。

在利益联结机制上，兰考县充分发挥比较优势，大力发展有利于贫困户增收致富的产业项目，推动"一村一品""多村一品"产业的形成；鼓励贫困人口积极参与到产业主体和交通运输、服务等产业链中来，促进一二三产业融合发展，让贫困户更多分享产业和产业链增值收益，切实做到以"产业＋扶贫"的模式带动贫困户脱贫增收；建立企业与贫困户的利益联结机制，完善"公司＋基地＋贫困户""公司＋合作社＋贫困户"模式，提高贫困群众的产业参与度和受益度。产业精准扶贫旨在提高贫困人口的参与度和获得感，应该从贫困人口文化素质、发展能力参差不齐的实际出发，设计符合贫困人口特点的参与模式和利益分配方式，既努力避免只有简单利益回报而把贫困人口游离于产业发展过程之外，也有效防止出现侵吞扶贫资源、侵害贫困人口利益问题，确保扶贫产业实现多方式包容性发展。

二、发展普惠金融

扶贫工作越往纵深推进，面临的挑战就越大，所需的资源量就越多。根据建档立卡数据的分析，通过发展生产和扶持就业解决脱贫问题的人口中，有超过半数面临的主要问题是"缺资金"；小农经济是"低水平均衡"的状态，从农户层面来看，采用新式生产技术，调整农业经营结构，购置必要的生产资料，仅仅依靠家庭积累，很难实现传统农业的改造，特别是对于贫困农户来说，这种情形尤为突出；这就意味着，新时期产业扶贫工作领域，衍生出多层次、多样化的金融产品需求。兰考县在实行金融扶贫初期，主要采取以贫困户为对象的小额信贷、政府贴息补息政策，受惠范围有限，农民群体无法享受到金融服务的阳光雨露；作为国家普惠金融示范县，兰考在实践中不断探索农村金融服务新模式，不仅要为脱贫攻坚提供支撑，而且要为整个农村普惠金融体系建设探索经验。

2015年，国务院出台了《关于印发推进普惠金融发展规划（2016—2020年）》（以下简称《规划》）的通知。《规划》指出："小微企业、农民、城镇低收入人群、贫困人群和残疾人、老年人等特殊群体是当前我国普惠金融重点服务对象。"根据这一指导思想，为进一步推进普惠金融改革、发展，2016年中国人民银行联合河南省人民政府印发《河南省兰考县普惠金融改革试验区总体方案》，兰考县成为全国首个国家级普惠金融改革试验区，立足解决县域金融领域存在的"不平衡不充分"问题，围绕重点领域和薄弱环节，传统金融与数字金融共同发力，逐步探索形成了"以数字普惠金融服务平台为核心，以金融服务、普惠授信、信用信息、风险防控为基本内容"的"一平台四体系"兰考模式，初步找到了普惠金融落地的有效路径。

具体做法如下：第一，建设数字普惠金融服务平台，推出"普惠金融一网通"微信公众服务号，2017年10月升级为"普惠通"App，打造一站式线上"金融超市"，实现金融服务零距离，有效解决了普惠金融落地过程中成本高效率低风控难的"最后一公里"问题。第二，打造"四体系"：一是普惠授信体系。将信贷前置，创新"信贷＋信用"，推出普惠授信贷款，即对全部农户无差别、无条件普遍授信3万元（农商行提高至5万元，目前拟对产业发展好的村提高至5万—30万元），免抵押、免担保，年利率最高不超过6.75%；农户只要有正当生产经营项目、无不良信用记录、无不良嗜好即可启用授信力，破解农民贷款难、贵、慢的"顽疾"。二是信用体系。成立信用信息中心，依托省农户和中小企业信用信息系统，采集、录入农户社会信用信息，组织开展信用户、信用村、信用乡镇和信用企业评定，推动解决农民信用空白、信用意识弱及信用建设难问题。三是金融服务体系。将普惠金融内嵌于县、乡、村三级便民服务体系，打造"基层党建＋就业扶贫＋

普惠金融"三位一体服务平台；提供"4＋X"金融服务，其中的"4"即贷前推荐和贷后协助管理、信用体系建设和失信联合惩戒、数字普惠金融推广和基础金融服务、金融消费权益保护和政策宣传，"X"即银行、保险机构特色金融服务；促进普惠金融服务与便民政务服务高效结合，提高金融服务的规范性和可持续性，让老百姓足不出村即可享受便捷的金融服务。四是风险防控体系。兰考财政出资设立风险补偿金、还贷周转金，银行、政府、保险、担保四方分段分担风险，有效解决普惠授信中的风险分担难、权责利不对等问题。

调研访谈过程中，我们了解到堌阳镇范场村村民徐红亮通过享受普惠金融服务创业成功的故事。自开展扶贫工作以来，徐红亮一直有创业的想法，但是启动资金不足，去银行贷款又很困难，迫于无奈只能一直在外打工。2017 年底，随着父母年龄越来越大，需要有人在身边赡养，徐红亮决定返乡创业，同时照顾父母和孩子，但是资金困难仍然困扰着他；2018 年春节徐红亮通过村委会了解到普惠金融政策，不需要担保，不需要抵押，只需要个人征信良好就可以贷款。抱着试试的态度，徐红亮申请享受政策，顺利获得了 9 万元的信用额度，这对一个刚刚起步的创业者来说，无疑是雪中送炭，而且手机上利用"普惠通"App 可以直接申请，一次审批 3 年续期，极大减少了贷款审批时间，降低了因贷款而求人担保的困难。徐红亮说道："开始发展的时候，不是备货不足就是原料不够，现在不用为这方面发愁了，有了普惠金融，自己的事业就可以放心地扩展，业务也比以前扩大了 30%以上。"

三、提升人力资本

注重贫困人口的人力资本建设，帮助贫困人口建立稳定生计，建立家庭成长的支撑体系，保证有劳动能力的贫困人口获得"一技之长"，是实现稳定脱贫的重要方式。贫困人口技能是劳动力资本的重要体现，技能培训对贫困人口的收入有明显的促进作用；兰考县在提高贫困人口技能方面，坚持精准培训，依据实际情况对有就业意愿、就业能力的贫困人口，进行分层、分类的实用技术培训和职业技能培训，保证培训内容和培训对象高度匹配，提高培训的实用性，确保有培训意愿和满足受训条件的贫困群体都能得到培训机会；通过学习不断激发他们的就业创业热情，提高他们的就业创业技能，实现贫困人口高质量充分就业。

兰考县在贫困人口技能管理培训方面的具体做法是：第一，结合特色产业，开展实用技术培训。通过整合人社、残联、妇联、电商等多个部门培训资源，搭建县、乡、村三级培训平台，对贫困家庭劳动力开展实用技术培训：针对16—70岁年龄段的农村贫困劳动力群体，开展"一村一品""一户一业"的产业技术和农业技术培训；针对18—45岁年龄段的建档立卡贫困人口进行短期培训，以驾驶和机械操作技能为主。第二，结合劳务品牌打造，开展家政服务培训。为解决大龄生活困难人员就业问题，兰考县以发展家庭服务为切入点，开展家政服务技能培训；培训老师主要采用"说课＋演示"的形式，围绕保姆、育婴师等家政服务内容进行授课，通过开展系统规范的培训，进一步提高家政服务从业人员素质和整体水平。第三，结合创业带贫，开展创业致富带头人培训。面向贫困户和贫困村遴选出一批有能力有意向的人员，进行产业扶贫和产业脱贫带头人培训，培养其工作能力和综合素质，带领群众发家致富。

四、创新扶贫方式

在推进精准扶贫精准脱贫过程中，多样化的扶贫方式和手段，帮助兰考县取得了显著的贫困治理成效；但伴随国家宏观经济社会发展以及新阶段农村贫困状况的演进变化，传统扶贫方式和手段在发挥减贫效益的同时，问题与挑战逐渐显现。传统扶贫方式大多为短期行为且与贫困人群利益衔接机制不明确，普遍存在着"精英俘获机制"，这就意味着扶贫资源在大规模下乡过程中，产业扶贫、驻村帮扶、以奖代补、以工代赈等方式给基层社会输入了大量资源，但却并未扭转农村贫富分化的趋势，反而成为乡村精英觊觎的目标。再加上剩余贫困人口集中表现在因病、因残致贫以及缺乏劳动力等方面，传统扶贫方式难以有效惠及这部分贫困群体，所以兰考县必须在认真总结经验的基础上，突破传统扶贫模式的不足，创新扶贫模式，不断提升带贫能力。在新时代背景下，兰考县根据党和政府的政策引导，结合地方实际，以保障贫困户稳定增收为导向，坚持走群众广泛参与、共享发展的道路，探索了一批电商扶贫、资产收益扶贫、多元化就业模式等新型农村扶贫方式，在有效弥补传统扶贫方式的不足和局限基础上，开创新时代富有中国特色的农村扶贫开发道路模式。

电商扶贫。2015年6月，兰考县入选河南省第二批电子商务进农村综合示范县，在电子商务创业就业、农村物流配送、农特产品网销品牌培育、发展资金等方面得到了省级层面的大力扶持。兰考作为中部贫困地区，农村电子商务发展仍处于起步阶段，基础设施建设滞后，缺乏统筹引导，贫困群众网上交易能力较弱，影响了农村贫困人口通过电子商务就业创业和增收脱贫的步伐。为优化电商发展环境，兰考县重点依托电信、联通、移动三大网络运营商，加快固网通信市场和移动通信市场的基础设施建设，进一步提高农村宽带普及率和无线网络覆盖水平，推进光纤进村入户。在基础网络建设等方面，对农村居民给予一定优惠，以方便农民网上购物、网上创业，支持农村电子商务经营主体发展。同时，电商基础设施建设还包括电商平台的建设。一方面，兰考县规划建设了2.3万平方米的电商大厦，致力于打造"一中心、四园区"的电子商务生态体系，即兰考县（电子商务）综合服务中心、兰考县电子商务创意园、兰考县同乐居家具电商产业园、兰考县电子商务物流园、中部家居网络科技示范园，为企业和创业者提供全方位、一站式服务。另一方面，兰考县引进了阿里巴巴、恒大微购、乐村淘、云书网、苏宁等多家电商平台企业，推动商业综合体和电商融合，以打造线上购买支付、线下消费体验有机融合的一体化新兴业态。伴随着互联网的普及以及农村基础设施的逐步完善，兰考县线上交易量持续保持高速增长，电商扶贫已成为农村转变经济发展方式、优化产业结构、促进商贸流通、带动创新就业、增加农民收入的重要动力。在调研访谈中，商务局领导说道："电商扶贫真的是好创举，尤其是针对行动不便的贫困户，他们干不了其他体力活，但是可以在网上直播卖货，他没办法发货，可以让其他人帮忙发货，最起码能够自食其力。还有 2020 年上半年我们举行了几期直播，县长、副县长在央视、京东、淘宝、阿里这些大平台直播带货，其中有一期是邀请明星在京东平台给我们直播带货，明星效应很成功，交易量创新高，之后陆陆续续也会有订单。而且我们还专门建了一个电商大厦，里面有培训基地、网红直播间、仓库、物流公司、电商企业等等，把各个要素都集中在一起，高质高量地搞电商扶贫。"

　　资产收益扶贫。从地理环境来看，兰考县四季分明，温度适中，光照充足，光能等自然资源较为丰富。同时，伴随国家精准扶贫精准脱贫迅速推进，大规模扶贫资源进入农村，特别是兰考县创新扶贫财政资金管理使用办法，将到户增收资金使用权下放到村一级单位，为贫困村创新扶贫方式提供了良好的制度环境和基础。为此，兰考县结合地区实际，充分利用光能等自然资源和扶贫资金，探索了光伏扶贫、扶贫资金入股分红、扶贫贷款入社分红等资产收益扶贫方式，不仅提高了扶贫资源的开发和利用效率，也为提高贫困农户内生发展动力以及壮大村集体经济发展提供了重要契机。调研访谈中了解到兰考惠安街道办的何寨村，在精准扶贫过程中探索出"合作社＋贫困户"的资产收益扶贫模式，即对无劳动能力的贫困户，实行贴息贷款入股入社，利润分红的脱贫方式。在政府扶持下，何寨村成立了种植合作社，利用到户增收资金，按"三无"贫困户每户 10000 元的标准，让贫困户入社参股分红，股金还归村集体；农户与村委会签订承诺书，等他们脱贫后，扶贫项目资金所占股权将转让给其他需要帮助的贫困户，让扶贫资金循环使用。

创新就业扶贫模式。脱贫摘帽后，针对剩余贫困群众发展产业和就业能力不足的问题，兰考采取针对性的帮扶措施，选准做优带贫产业，围绕建档立卡户产业帮扶全覆盖，重点培育发展了群众不离乡不离土、好融入的"5＋5"特色扶贫产业[①]，稳步提高群众收入。对具备就业能力、就业条件、就业意愿的贫困劳动力，搭建"外出务工、产业体系就业、乡镇产业园就近就业、居家灵活就业、公益性岗位就业"五种就业模式，千方百计促进就业。负责兰考富士康两个厂区物业工作的吴敏杰，家在东坝头镇双井村，从小家里生活困难，她一直穿姐姐的旧衣服，上初中才穿上了一条新裤子。应聘进了兰考富士康总务部在家门口就业后，如今家里已建起两层小楼，上下班自己开车。"都没想过还能过上这样的好日子。"她说。

第三节　促进高质量发展

习近平总书记指出："中国特色社会主义进入了新时代，我国经济发展也进入了新时代。新时代我国经济发展的特征，就是我在党的十九大报告中强调的，我国经济已由高速增长阶段转向高质量发展阶段"[②]。以推动高质量发展为主题，必须坚定不移贯彻新发展理念，以深化供给侧结构性改革为主线，坚持质量第一、效益优先。在稳定脱贫奔小康中，兰考县以"三个起来"为根本遵循推进县域高质量发展，不断提升产业扶贫和就业扶贫质量，凝练思路重点突破，招大引强，延长产业链、做好品牌建设与营销；不断推进绿色发展，培育新的增长点，形成共享发展模式。一方面深入推进县域农业供

---

① "5＋5"特色扶贫产业：5种订单农业型产业指优质花生、优质红薯、苗木种植、养鸡、青贮玉米；5种能人带动型产业指瓜菜、乐器、经济林、食用菌、养羊养驴。

② 《习近平谈治国理政》第三卷，外文出版社2020年版，第237页。

给侧结构性改革，不断提升农业可持续发展能力，优化农业产业结构，推进农业现代化。另一方面，兰考县县域新型工业化体系不断完善，一二三产业融合发展，产业结构层次实现质的提升，做到"做优一产，做强二产，做大三产""文、商、旅、农、工"协同发展，农村产业融合发展总体水平明显提升，走出了一条县域经济高质量发展的道路。

一、农业供给侧结构性改革成效显著

中央农村工作会议强调，要着力加强农业供给侧结构性改革，提高农业供给体系质量和效率，使农产品供给数量充足、品种和质量契合消费者需求，真正形成结构合理、保障有力的农产品有效供给。农业供给侧结构性改革的核心是指通过自身的努力调整，让农民生产出的产品，包括质量和数量，符合消费者的需求，实现生产者与消费者的无缝对接。兰考为中原农业大县，传统种植经营比重高，对农户增收带动十分乏力，农业供给侧结构性改革过程中，兰考粮食作物播种面积有所下降，经济作物播种面积不断扩大；但粮食产量稳步提升，农业产业化水平不断提高，形成了每一个产业都由龙头企业牵引，带动农民增收的发展格局，普惠金融支持全链条，不仅创新了产业扶贫、金融扶贫模式，也推动了农业供给侧结构性改革。脱贫攻坚以来，兰考县立足资源禀赋，不断深入农业供给侧结构性改革，重点推进兰考"新三宝"品牌塑造和经济林等优质农产品发展，实现布局区域化、经营规模化、生产标准化与发展产业化。

农业种植结构优化，经济作物播种面积不断提高。在完善产业结构的同时，兰考县始终把发展特色产业作为调整重点和突破口来抓；截至2020年，全县共种植蜜瓜3万亩、红薯8万亩、花生25万亩、经济林12万亩。在种植方面：第一，蜜瓜产业。2017年兰考开始大量种植蜜瓜，2018年全县蜜瓜种植面积达到1万亩，年产蜜瓜3万吨，年产值1.08亿元。2019年、2020年种植面积扩展到2万亩、3万亩，产量增加到6万吨、9万吨，产值达到 2.16 亿元、3.24 亿元。依托蜜瓜和湖羊种养结合现代农业产业园、产业强镇等项目，围绕蜜瓜育苗、种植、销售、储藏、加工、品牌创建等环节，重点发展特色种植、农产品深加工、农产品销售等产业，加快农村一二三产业融合发展步伐。以北京新发地、润野食品、五农好和鑫合食品等龙头企业，完善育苗、加工和销售产业链，进行规模化种植，加快蜜瓜深加工，研制开发蜜瓜醋、蜜瓜罐头和蜜瓜干等产品。目前五农好食品生产加工二级、三级蜜瓜能力 2000 吨，润野食品生产加工二级、三级蜜瓜能力 3000 吨，能够全部消化全县二级、三级蜜瓜。第二，红薯产业。红薯是兰考的特色产品，获得国家地理标识认证，兰考将建成国家级特色"红薯城"。2018 年已发展鲜食红薯 4 万亩，主推品种为普薯 32、济薯 26、浙薯 13 等品种；2019 年发展到 6 万亩；2020 年全县红薯种植面积达 8 万亩，其中建档立卡户直接参与 370 户，种植 1041 亩，在全县建设红薯窖 31 座。红薯产业以"大象农业和河南桐裕龙头企业"为引领，打造兰考红薯全产业链，通过"企业＋村集体＋农户"或"合作社/种植大户＋农户"的产业化经营模式，发展订单红薯种植；同时，开发桐裕粉坊酸辣粉、河南焖子等深加工产品。第三，花生产业。以大丰植物油、河南鑫合食品有限公司、兰考宏源为龙头，按照"企业＋村集体＋农户"或"合作社/种植大户＋农户"的模式，发展订单花生种植，打造完整的花生种植、回购、销售、贮藏、加工一体化体系。2020 年，全县花生种植面积达 25 万亩，其中建档立卡户直接参与 3322 户，种植面积 12440 亩。第四，经济林方面。经济林的发展集生态效益、经济效益、社会效益于一体，是生态富民产业。目前全县经济林种植面积达到 12 万亩，主要种植苹果、桃、梨、葡萄等，年产水果可达 30 万吨，成为农民增收致富的主导产业之一。经济林作为兰考县的特色产业之一，已逐步形成"政府引导、典型带动、科技支撑、市场拉动"的良好发展态势。为发展经济林，兰考将建设示范园区 2—3 个，水果批发交易市场 1—2 个。

表 4-1　2018—2020 年兰考县主要经济作物种植面积

单位：万亩

	2018 年	2019 年	2020 年
蜜瓜	1	2	3
红薯	4	6	8
花生	15	20	25
经济林	11	11.5	12

　　新型农业经营主体多元化，带动农户规模化种养。为深入推进农业供给侧结构性改革，以产业扶贫的办法解决农民脱贫增收的问题，兰考县立足本县农业经济既有基础，选择了"鸡、鸭、牛、羊、驴"等十大项目，以引进农产品深加工龙头企业，培育新型农业经营主体，带动农户规模化种养为基本思路，推进县域产业扶贫工作开展，盘活农村贫困地区劳动力、土地等生产要素，实现农业规模化和区域化经营。此外，在改造传统农业、实现农业产业化发展的过程中，从农户层面来看，采用新式生产技术，调整农业经营结构，购置必要的生产资料，仅靠家庭积累往往难以实现；从市场主体的角度扩大生产规模、改进生产技术乃至资金流的周期，往往都会衍生出金融需求；在市场风险、自然灾害风险等多重风险因素的影响下，小农经济的脆弱性凸显。为此，兰考县加大财政投入，通过金融扶持，满足农业生产多层次、多样化的金融需求，为全县农业产业发展特别是农户发展生产提供必要的保障和支持。

　　兰考特色产品的知名度上升，销售渠道不断扩大。为实现生产者与消费者的无缝对接，兰考县积极探索，开启"线上直播带货＋线下销售"模式，通过打造兰考自己的品牌，不断扩大销售。一是坚持品牌带动，打造兰考自己的品牌。以创建国家级农产品质量安全县为契机，加强农产品"三品一标"认证服务和支持，全县无公害农产品基地达到 69 家，无公害农产品

154 种，绿色食品基地 28 家，绿色食品产品 45 个，有机食品 3 个，农产品地理标志 3 个。奥吉特生物科技股份有限公司被评为"河南省绿色食品示范基地"，"兰考红薯"被评为农产品区域公用品牌，"瓜妹儿"兰考蜜瓜及"香格里辣"乔庄小米被评为河南省农业企业品牌，"吴大锄"红薯、"山药姑娘"铁棍山药、"宜香园"苹果等被评为特色农产品品牌。二是运营北京新发地兰考农产品销售市场。2019 年 9 月，兰考县与北京新发地签订兰考新发地农副产品批发市场及冷链物流园项目，由北京新发地市场投资运营建设兰考县新农贸市场。目前，该市场已开始运营，与北京新发地 12 个销售大王签订共建基地协议，建设农产品种植基地 1 万亩，带动土地流转 5 万亩，打通了兰考县农产品进京渠道。三是开展网上销售。以信息进村入户工程和益农信息社为抓手，开设网店，培育农村经纪人，打造兰考农产品产供销信息平台，目前兰考县益农信息社已建立 350 个站点。同时，由商务局为统领，结合电商扶贫，开启"直播带货"新模式，扩宽农产品的销售渠道；通过招商引资，吸引企业入驻兰考，向外输送销售农产品；打造集免费直播间、网红办公楼、物流、仓库为一体的销售链，利用京东、淘宝、驴妈妈等网络平台直播带货，扩大农产品销售渠道以及品牌知名度。

二、新型工业化和新型城镇化协同发展

党的十八大报告中明确提出："坚持走中国特色新型工业化、信息化、城镇化、农业现代化道路，推动信息化和工业化深度融合、工业化和城镇化良性互动、城镇化和农业现代化相互协调，促进工业化、信息化、城镇化、农业现代化同步发展。"[①] 在推动县域新型工业化的同时，兰考将新型工业化与新型城镇化结合起来，在脱贫攻坚中同步推进城乡统筹发展，坚持走以人为本、城乡统筹、城乡一体、产业互动、节约集约、生态宜居、和谐发展的

---

① 《中国共产党第十八次全国代表大会文件汇编》，人民出版社 2012 年版，第 19 页。

城镇化道路。在此基础上，兰考县深入分析自身外部发展环境和地方特色自然资源、发展优势，确立了家居制造、食品加工和战略性新兴产业三个主导产业，构建"5＋1＋3"农业特色产业体系，坚持招大引强，突出龙头带动作用，不断培育壮大特色产业体系，扩大与提升贫困人口参与产业的机遇和能力。脱贫攻坚以来，兰考县不断壮大家居制造、食品加工和战略性新兴产业三个支柱产业，形成完整产业链条，带动贫困人口就业增收，促进县域新型工业化和城镇化高质量发展。

家居制造及木制品加工产业快速发展，县域经济实力不断增强。兰考在家居制造及木制品加工产业方面，在产业集聚区，以强县为目的，完善产业链条，依托恒大家居联盟产业园，打造品牌家居产业集群；依托中部家居产业园承接东莞家居企业集团式转移，打造中高端家居集群；依托科瑞奇产业园，打造小微企业孵化园集群；依托同乐居电商产业园，打造家居配套和电商产业集群。在乡镇，以富民为目的，突出产业配套、链条延伸，打造了南彰镇、红庙镇门业加工产业园，孟寨乡、闫楼乡建筑模板产业集群。在农村，支持发展群创产业，打造"一村一品"示范村。多年来，共培育堌阳镇徐场、南彰镇周庄、红庙镇青龙岗、孟寨乡何二庄等木制品特色专业村28个，发展农民专业合作社1520家、家庭农场167家。目前兰考县全县家居及木制品加工企业已达1000余家（其中规模以上企业130余家），年产值达到200亿元以上，兰考县也先后获得"国家级出口木制品质量安全示范区""泡桐及其制品生态原产地保护单位""中国品牌家居生产基地"等荣誉称号。

食品及农副产品深加工产业不断完善，群众收入稳定有保障。在食品及农副产品深加工产业方面，确立以龙头企业引领、规模养殖支撑、饲草种植配套"三位一体"的畜牧产业化格局，明确了"鸡、鸭、牛、羊、驴"5个以畜牧产业为重点的发展思路，并着力产品可追溯性，打造兰考标准化绿色品牌，从源头上保障食品安全。第一，在产业集聚区，坚持绿色畜牧，以创建全省绿色畜牧大县为目标，坚持以畜牧产业化引领农业现代化，构建了鸡鸭牛羊驴和饲草"5＋1"绿色畜牧产业体系，先后引进了正大集团、晓鸣禽业、禾丰牧业、首农牧业、华润五丰、田园牧歌、国银卓然、中科光启等龙头企业落户兰考，按照"龙头企业做两端、农民兄弟干中间、普惠金融惠全链"产业扶贫模式，健全产业链条，做大产业集群，使群众稳定受益，绿色畜牧产业体系基本形成，形成集群发展态势。第二，在乡镇科学布局龙头企业养殖基地，扶持花花牛、坤盛牧业、广春牧业等龙头企业加快发展，以"公司＋基地＋农户"模式带动农户创业增收，培育肉鸭、肉牛、奶牛、肉羊、肉鸡、蛋鸡养殖基地。第三，在农村鼓励规模化养殖小区建设，同时大力支持土地流转，围绕饲草需求，调整种植业结构，大力发展构树、青贮玉米、蛋白桑、紫花苜蓿等饲草配套，提高农产品附加值。全县畜牧业年产值37.85亿元，占农业总产值的41.47%。截至2020年6月底，兰考县畜牧业基本情况：全县猪、牛、羊、禽存栏分别达到15万头、2.1万头、23万只、641.8万只；优质饲料种植完成10.79万亩，其中青贮玉米种植6万亩，构树种植达到1.67万亩，蛋白桑种植1200亩，紫花苜蓿种植3万亩。肉、蛋、奶产量分别达到2.56万吨、3.4万吨、1.5万吨。全县畜牧产业共计带动建档立卡贫困户4238户增收。①

表4-2　兰考县畜牧业基本情况（截至2020年6月底）

种类	总量
猪	15万头
牛	2.1万头
羊	23万只
禽	641.8万只

---

① 兰考县农业农村局：《兰考县乡村振兴进展情况》。

98

续表

种类	总量
优质饲料	10.79 万亩
肉	2.56 万吨
蛋	3.4 万吨
奶	1.5 万吨

战略性新兴产业不断深化，促进兰考绿色发展。在战略性新兴产业方面，创建国家级循环经济产业园、兰考科技园和新能源推广示范园。第一，在循环经济方面"高位规划，深入策划，完善链条，选商引资"，打造循环经济综合利用样板，激发产业活力和影响力，继而形成产业优势。依托大连环嘉、沐桐环保，建立生活垃圾分类处理体系，完善生活废弃物再生利用产业链，打造"城市矿山"。依托光大国际，建立完善的城乡垃圾清扫收储处理体系，实现生活垃圾无害化处理；依托万华板业、鼎丰木业和瑞华电力，配合畜牧产业，实现农林废弃物资源再利用。依托中水电生物质制气项目，实施畜禽粪便再利用，实现可循环。以资源整合促现有化工企业向循环经济产业转型，定点研究招商方向，寻求突破，再引进一批循环经济企业，争创"无废城市"，围绕阶段性的就业压力和长远的科技培育，打造国家级循环经济产业园。第二，在智能制造方面，以"创建国家级智能制造示范园区"为目标，以"富士康科技园、光大科技园"为载体，着重引进环保科技、虚拟总部、数字结算、现代服务等方向的企业；加快与航天信息对接，使兰考科技园成为产业发展的新引擎，发展了以飞龙重工、神力机械、福尔盾消防器材、博源电气等企业为核心的智能制造产业集群。

总体来看，兰考县在产业扶贫和就业扶贫方面的改革创新为其脱贫攻坚提供了强大动力。几年来，兰考县培育以"产业集聚区"为核心，以"乡镇六大特色专业园区"为支撑点，分层级有序的产业集群布局体系，不断做优做强产业扶贫和就业扶贫。兰考县的脱贫攻坚得益于其对习近平新时代中国特色社会主义思想的深刻把握，其对"以人民为中心"理念的把握，其对"五位一体"新发展理念的遵循，其对全面深化改革精神内核的把握，也得益于其领导干部工作作风的全面改变；新时期兰考县探索了一套科学、高效的县域治理体系，县域治理能力显著提升，脱贫攻坚高质量发展与共享发展取得较大成果，益贫带贫扶贫成效也在逐步提升。

第五章　激发内生动力

无论是贫困县、贫困村还是贫困户，仅靠外部帮扶，自身发展意愿不强、发展能力薄弱，后续可持续发展都会有问题。触及灵魂的"兰考之问"，引起兰考干部群众的深思，如何激发干部群众谋事干事热情，如何找回那种"兰考人民多奇志、敢教日月换新天"的豪迈情怀，如何将千载难逢的发展机遇转化为实实在在的发展成果，是兰考脱贫攻坚期间思考最深、着力最多的问题。几年来，兰考坚持从形成正确思想认识出发，从建章立制、能力建设和文化营造入手，多措并举激发内生动力，形成了"干部抢着干、群众比着干"的攻坚氛围。

第一节　找准着力点

对于兰考县而言，实现"三年脱贫、七年小康"的目标，挑战与机遇并存。一方面，精准脱贫时间紧，任务重，质量要求高，而兰考县的贫困发生率较高，资源优势不够突出，产业发展基础薄弱，可谓困难重重。另一方面，国家扶贫济困的意志坚定，扶贫制度体系日趋完善，在城乡工农关系深刻调整的历史时期，农业农村改革发展机遇难得，特别是习近平总书记亲自联系兰考县，给兰考干部群众巨大鼓舞。如何抢抓机遇，如何将好的发展环境转化为实实在在的发展成果，从而快速补齐短板、实现脱贫攻坚既定目标，给兰考人民和总书记交上合格答卷，是兰考县委班子思考最多的问题。经过反复的研讨和检省，兰考县委县政府班子逐渐形成了共识：兰考县要首先向思想变革要动力，告别过去不思进取，等待帮扶的状况；要向深化改革要动力，坚定信心、变革思想、直面挑战，用改革的办法破除制约发展的体制机制障碍；要向能力建设要动力，通过不断的学习和实践提升发展的本领。

一、向思想变革要动力

思想认识是行动方向的先导，想要改变干部行为，转变干部作风要先行，而转变干部作风的关键，在于实现思想认识的变革。兰考县的自然条件较为恶劣，盐碱地占比较大，常年风沙肆虐，土地细碎化严重，土质较差土壤贫瘠，土地投入产出比较低，规模化产业难以成型，改善生产生活条件的难度极大，基层治理工作难出成效。因此，很长一段时间，依赖、封闭、消极是兰考干部工作作风和群众工作状态的真实写照。自身基础性条件差，加之发展主要依赖于外力，因此兰考县一度流行的观念是将焦裕禄精神作为争取外界帮扶的资本，等靠要思想比较严重。然而，依赖、封闭、消极，没有换来更高的收入，没有引来更多的资源，没有带来更好的生活，更没有找到希望的方向。在习近平总书记的指导下，兰考县认真学习焦裕禄精神，强调将学习和弘扬焦裕禄精神作为转变干部思想认识、工作作风、提升工作能力的有效抓手。通过组织全县干部开展焦裕禄精神的大讨论，要求党员干部结合新时代要求，深入讨论焦裕禄精神的精髓，兰考县逐渐形成了自立、开放、担当的思想自觉。"自立"，就是要把焦裕禄精神作为兰考县自力更生、艰苦奋斗的精神指引，能借助外界的我们积极加以利用，不能借助外界的我们努力创造条件。"开放"，就是要发扬焦裕禄精神中的开放导向，把眼光和注意力向外聚焦，看看外面的哪些资源可以为兰考县的发展所用，思考兰考县的哪些资源是市场所需要的，以开放包容的思维推动兰考县的发展。"担当"，就是敢于承认兰考县自己存在的短板，敢于直面群众憧憬美好生活的诉求，敢于大刀阔斧地改革创新，敢于尝试挑战，更敢于承受失败。

脱贫攻坚以来，兰考县直面新的挑战，紧紧抓住这一历史性机遇，高标准地弘扬了自立、开放、担当精神：以焦裕禄精神为标杆，县委常委向全县人民公开作出"十项承诺"；参照焦裕禄书记起草制定的《干部十不准》，专门制定出台新的党员领导干部"十不准"；对中央八项规定、省委省政府20条意见等有关要求细化具体化，制定《兰考县党员领导干部工作生活细节95条规定》，把改进作风的要求落实在平常，培养积极健康的生活方式和个人情趣。通过干部思想建设、作风建设、规范建设，兰考干部精神面貌和实干精神焕然一新，赢得了老百姓的好评和信任。

二、向深化改革要动力

抓住机遇，首先要从自身的变革开始，通过深化改革的办法破除那些制约发展的体制机制障碍。在过去，干部工作没激情没动力，以基本完成任务为追求，干部队伍留不住人才，优质人才流失严重，青年人才不愿意下基层，基层干部晋升发展的空间较窄。群众认为政府办事效率低，工作人员服务态度不好，群众对政府和干部的满意度不高，干群关系疏离。兰考县本土企业缺乏政策支持，发展动力不足，引进来的企业或者发展不好，或者发展好了又留不住，县域经济活力不足。然而，因为害怕引起风险、引发社会动荡，所以不敢改革，因为长期安于现状、保守求稳，所以不会改革；因为内在动力不足、外在压力不够，所以不想改革。但是，一方面，干部想要更合理的激励机制，想要得到应有的回报，亟须看到发展进步的空间和希望，群众想要得到更好的福利保障，想要获得更好的服务态度，想要拿到更高的经济收入，想要过上更幸福美满的生活，企业想要得到更便捷的服务，想要获得更大幅度的政策支持，想要看到兰考县更好的市场前景。另一方面，在一定时间要求内，贫困户必须要脱贫，贫困村必须要出列，贫困县必须要摘帽，这是中国对世界的承诺，亦是中国共产党对中国人民的许诺，巩固脱贫成果，全面实现稳定脱贫，形成长效扶贫机制，是国家对兰考的要求，更是百姓对兰考的希冀。

在内部要求和外在压力的推动下，兰考县必须要改革。怎么改？按照群众诉求的方向改，按照干部呼声的方向改，按照企业需求的方向改。改什么？改革干部的激励机制、干部的提拔制度、编制的调整制度，改善干部的工作作风、服务态度、服务能力，改良对企业的服务效率、支持力度、优惠政策。在脱贫攻坚阶段，兰考县在以脱贫攻坚总揽经济社会发展全局的引领下，围绕政治、经济、文化、社会、生态文明五个领域进行了制度改革，在稳定脱贫奔小康阶段，兰考县在以稳定脱贫奔小康总揽经济社会发展全局的引领下，进一步强化了改革力度。经过连续几年的持续奋斗，兰考县建立了县乡干部的责任分工制度，加大了县乡干部服务下沉的力度，优化了驻村干部和村干部的待遇保障和激励机制，创新了针对村民的公章预审制度、公共服务积分制度、好媳妇好婆婆制度等等。通过因地制宜、大刀阔斧的制度改革，兰考县实现了全面脱贫与稳定脱贫的双赢，优化了营商环境，赢得了企业信任，提升了干部治理能力，扭转了干部作风，改善了群众精神面貌，提升了群众自主发展的积极性。

三、向能力建设要动力

脱贫攻坚战打响之初，兰考干部面临着两个问题。一个问题是能力弱：长期封闭的环境，导致干部思路闭塞，不清楚外界的变化，不了解自己与别人的差距，习惯性的长期依赖，进一步引发干部们主观能动性不足、改变自己的动力不足、主动提升自我的经验不足等问题。另一个问题是恐慌情绪：不知道贫困群众真正需要的是什么，不知道工作的真正难点在哪里，要做些什么才能让群众稳定脱贫，怎么样做才能真正提升群众的满意度，因此，面对巨大的脱贫攻坚任务，兰考的干部们陷入了彷徨和恐慌。但是，脱贫攻坚是一项政治任务，而兰考县的综合性基础薄弱，土地细碎化严重，土质改良难度较大，发展规模化的连片产业难度较大，兰考县水资源匮乏，生态环境破坏严重，地理资源优势不足，发展特色精品旅游产业的难度较大，兰考县营商环境的包容性不足，市场发展前景不明朗，本地企业的市场竞争优势不明显，兰考县贫困人口的存量较大，贫困发生率较高，深度贫困镇村较多。

因此，亟须从多方面提升基层干部的能力，以有效应对兰考县高质量脱贫的需求。一是亟须提升服务群众的能力。要通过优化乡村两级治理体系，完善乡镇乡村的组织架构和运行效能，不拘一格选人才，培养过硬的乡村干部队伍，建立争先创优机制，激发干部服务群众的积极性。二是亟须提升经济发展的能力。要想尽办法鼓励优秀人士返乡奉献，积极引进专家学者扎根农村，开展各类时效性强实用性好的培训，培养乡村社会的本土性人才。三是亟须提升统筹发展能力。要以乡镇（街道）为单位，统筹协调各类发展规划，努力实现多规合一，要按照"资金跟着项目走、项目跟着规划走、规划跟着脱贫目标走、目标跟着扶持对象走"的原则，提升项目发展能力。四是亟须提升改革创新能力。要加大资产市场化改革力度，调整资产结构，提升资产效能，推动农村土地制度改革，盘活农村资源，激发经济活力，推动金融制度的大力改革，完善金融服务功能。

综上所述，兰考县通过深刻的自我反思、自我剖析，明白了自身存在的问题，弄清楚了与其他地区真正的差距所在，切切实实地找到了自己的缺点和弱点。通过重新审视焦裕禄精神的时代内涵，决心要通过深刻的思想变革，唤起破釜沉舟、攻坚克难的勇气，决心要通过系统性的制度创新，引来提升贫困治理效能的源头活水，决心要通过针对性的能力建设，挖掘懂政治、肯奉献、爱基层、本领强的能兵强将，恰如其分地找到了兰考县贫困治理的着力点。

第二节　干部"领着干"

1962 年 12 月，焦裕禄来到兰考后，通过深入的调查研究，凝练出这样一句经典名言："干部不领，水牛掉井"。群众的创造力虽是无穷的，但如果干部不能够发挥引领作用，群众的创造力就如同一头掉入井中的水牛，即使有再大的力气，也使不出劲儿来。"给钱给物，不如给个好支部"，这句话既反映了群众对好干部的迫切需求，也生动印证了领导干部所具有的强大示范作用。脱贫攻坚阶段，兰考攻坚任务重，同时也处在千载难逢的机遇期，如何发挥好干部队伍的作用，抢抓外部发展机遇，促进攻坚目标实现提升县域可持续发展能力，是摆在兰考面前的重要议题。

一、队伍建设回答"谁来干"

脱贫攻坚是一项系统的工程，需要大量的人力全力投入。然而，在扶贫开发之初能够投入到扶贫攻坚的人数少、力量小。一方面，专项扶贫干部较少，县扶贫办仅有数十人，各乡镇、村级组织也缺乏专门从事扶贫攻坚的人才。另一方面，扶贫部门在以往也只是一个业务部门，缺乏与其他部门沟通协作的能力。针对上述问题，兰考县致力于队伍建设，坚定不移地将脱贫攻坚作为头等大事和第一民生，所有工作都服从服务于脱贫攻坚，从而回答"谁来干"的问题。

一是建立"书记县长负总责、四大班子齐上阵"的工作机制，构建脱贫攻坚强大合力。按照总书记提出的"五级书记"抓扶贫重要指示精神，兰考县连续开展"百日住村"活动，县级干部以上率下，书记、县长率先垂范，带头学习脱贫攻坚相关精神、政策、论述，带头深入走访，到一线解决各类问题，激励干群斗志；各行业部门负责人精准融合各自分管工作与脱贫攻坚（如纪委书记牵头督导行业扶贫，统战部部长抓社会扶贫等），使脱贫攻坚成为各部门共同参与的中心工作。

二是强化扶贫办职能，充分发挥扶贫办的作用。兰考县扶贫办由以往的业务部门转变为综合协调、统筹指导的牵头部门。扶贫办的地位得到大幅度提升，用扶贫办工作人员的话说："我们扶贫办现在仅排在两办之后。"地位的提升，也带来了执行力的加强。脱贫攻坚过程中，扶贫办有任何需要其他部门协作的工作，都会得到大力支持，极大地提高了工作的效率和完成质量。

三是深化人事管理制度改革，壮大扶贫工作队伍。一方面，把脱贫攻坚作为培养和锻炼干部的主战场，在全县科级和后备干部中抽调345名优秀干部，进驻115个贫困村开展帮扶，对335个非贫困村明确一名乡镇优秀干部专职从事基层党建和扶贫工作，确保贫困村和非贫困村驻村全覆盖；紧紧抓住市县乡换届的重要契机，把那些长期工作在基层一线、业绩突出、善做群众工作的优秀干部选拔进乡镇领导班子，充实扶贫一线力量；从致富能手、返乡创业人员、退役军人中的优秀人才中培养村级干部后备力量，培养选拔一批优秀年轻党员担任党支部书记；建立了由523名优秀党员组成的村支部书记后备库，补足"源头活水"；实施三年"兴兰英才计划"，每年引进50名重点院校硕士、博士研究生，为打赢脱贫攻坚战提供人才支撑。另一方面，充分盘活现有编制内资源，招聘或选派自收自支和"差供"人员充实到乡镇（街道）和县直单位一线岗位，通过"减上补下，能上能下"的选人用人机制，解决基层人手不足问题，有效激发"自筹"和"差供"人员工作活力，使业务人员腾出精力专心致力于扶贫。

要言之，兰考县认真落实县抓落实、乡村组织实施的工作机制，厘清县处级干部、乡镇党政正职、村脱贫责任组组长、驻村第一书记、驻村工作队、帮扶责任人及县直有关部门等工作责任，构建了"横向到边、纵向到底"的责任体系。不仅解决了"谁来干"的问题，还形成了"县级干部树立'风向标'、科级干部做好'战斗员'、村级干部立起'顶梁柱'、驻村干部甘当'铺路石'"① 的生动局面。

二、能力建设回答"谁会干"

脱贫攻坚是一项科学的工程，需要掌握科学的方法。然而，在精准扶贫之初，大量的干部不会干，不知道如何开展工作。在村级层面，组织软化、干部老化、思想固化和能力弱化也是面临的突出困难。基于此，兰考县加强干部能力建设，从以下几个方面回答"谁会干"。

一是着力于挖掘选配优秀的干部，让帮扶队伍更有"实力"。一方面，以换届选举为契机，在各级党政领导班子的排兵布阵上，充分挖掘优秀人才。如乡镇利用党委换届机会，把扶贫一线39名实绩突出、群众认可的优秀年轻干部选进党委班子；村级层面利用村级组织换届契机，选优培强村委班子，持续整顿薄弱涣散村。另一方面，为脱贫攻坚配实力强、能力佳的干部，以进一步优化扶贫队伍。在村级组织，优先把政治素质高、服务意识浓、带富能力强的返乡创业者、专业大户、退伍军人中的优秀党员，选拔为村党支部书记。

二是兰考县着力于扶贫干部的能力培养，不断提升干部的扶贫能力。依托焦裕禄干部学院和农村干部培训中心、"兰考讲堂"等培训阵地，采用多种有效培训方式，着力提升理论水平和工作能力，逐步解决了参与扶贫的干部"不会干""干不好"的本领恐慌问题。开发"红色 e 家"党员教育管理云平台、微信推送等措施，广泛深入开展扶贫政策措施培训，切实提高推动脱贫攻坚的本领。对全县450名村党支部书记采取"小班额"分批培训方式，由评选出的"驻村扶贫工作标兵"每人负责辅导5—7名村党支部书记，逐一"过筛子"强化培训效果。干部帮扶能力强了，干活也有了信心和底气。

---

① 王胜昔：《以党建为引领决胜脱贫攻坚》，《光明日报》2017年9月26日。

三是兰考县着力于扶贫干部的帮扶建设，探索城乡共建机制。积极完善"支部连支部"帮扶模式，即明确1个机关党支部与1个农村党支部结对共建，且实现全县结对全覆盖。每个机关党支部明确1名党支部委员和1—2名优秀党员干部或入党积极分子组成稳定脱贫奔小康工作队，负责党支部共建和驻村帮扶等工作。通过这种方式，确保组织力量不但不减，而且更强。2017年兰考脱贫后，开展了"支部连支部、加快奔小康"活动，组织454个机关企事业单位党支部和454个农村（社区）党支部结对共建，构建以城带乡、城乡共建、共同发展工作新格局。

三、制度建设回答"谁愿干"

脱贫攻坚是一项艰苦的、长期的工程，需要干部沉心静气、全身心地投入其中。过去，兰考也有很多项目的倾斜，但是兰考干部的行动却相对迟缓，自身动力不足，推推走走，不推不走。基于此，兰考县强化制度建设，提振干部工作积极性。

一是抓好作风建设。兰考县各级党员干部通过自觉深入学习贯彻习近平新时代中国特色社会主义思想和习近平总书记重要指示精神，真正把总书记的指示要求内化于心、外化于行。通过开展"两学一做"学习教育，学习习近平新时代中国特色社会主义思想，重温党章，学习党规，交纳党费，进一步提高党员政治理论水平。通过学习弘扬"亲民爱民、艰苦奋斗、科学求实、迎难而上、无私奉献"的焦裕禄精神，学习弘扬焦裕禄的公仆情怀、求实作风、奋斗精神和道德情操，学习弘扬焦裕禄对群众的那股亲劲、抓工作的那股韧劲、干事业的那股拼劲，补强"精神之钙"，筑牢"作风之基"。

二是明确用人导向。兰考县把脱贫攻坚作为锤炼干部队伍、转变工作作风的主战场，树立了"重基层、重一线、重实绩"的鲜明用人导向，激发了党员干部干事创业的热情。兰考县还将这种用人原则固定下来，起草了《进一步加大从中心工作中选用干部的意见》，有效激发党员干部投身中心工作的积极性。针对稳定脱贫奔小康时期，乡镇（街道）领导班子和干部队伍职责不明、效率不高、工作模式僵化等突出问题，出台《关于深化乡镇（街道）工作运行管理模式改革的实施意见》。《意见》将乡镇领导干部岗位分为三个层次，书记、乡镇长一个层次，副书记、人大主席一个层次，其余副科级干部一个层次，消除年轻干部成长进步中的"隐形台阶"；实行管区划片管理模式，乡镇副职不再兼任管区区长，根据分工专心做好本职工作，促其回归主业、聚焦主业；通过公开选拔等形式选聘管区区长，纳入县委组织部干部宏观管理范畴，在平时绩效考核时优先评定为"优秀"等次；在条件允许的情况下，年轻的干部优先提拔使用，年龄偏大的干部可提拔为非领导职务，科级非领导职务干部可提拔重用。通过改革调整，进一步激发活力、凝聚合力、提高效率、增强实效，实现科级干部晋升有渠道、年轻干部成长有平台、年龄偏大干部待遇有保障，提升乡镇（街道）整体工作效能。在村级干部层面，坚决淘汰完不成彻底脱贫任务、不称职、不尽责的村（社区）"两委"干部，淘汰发展能力不足（村集体经济收入低于 5 万元）的村党支部书记；从致富能手、返乡创业人员、退役军人中的优秀人才中培养村级干部后备力量，培养选拔一批优秀年轻党员担任党支部书记。

三是建立荣誉制度。持续开展"学习弘扬焦裕禄精神，争做党和人民满意的好干部""稳定脱贫奔小康工作标兵"评选，建立从普通驻村干部到正科级干部的一、二、三星"兰考标兵"荣誉体系，以身边的典型激励争先创优。开辟《兰考扶贫》专栏，引导基层扶贫干部、致富带头人、优秀带贫企业等充分发挥引领作用。

四是完善激励制度。一方面，提升扶贫干部的工作待遇，使他们愿意沉下心开展工作。兰考县积极探索推进行政事业单位绩效工资改革，切实提高基层一线和边远乡镇干部的工资待遇和工作积极性。严格落实工作队员每天 60 元的驻村补助和工作队每年 1 万元的专项工作经费，提高他们的积极性。

加大财政投入力度，提高村干部报酬水平，目前支部书记、村委会主任、其他村干部月工资分别达到 1500 元、1200 元、900 元。另一方面，形成差异性的物质奖励方式，以最大限度地调动干部工作的积极性。在村级层面，开展重树"四面红旗"活动。全县每半年评选一次"脱贫攻坚""基层党建""产业发展""美丽村庄"红旗村，所在村每评上一面"红旗"，党支部书记工作报酬标准每人每月上调 500 元，其他村干部上调 300 元，并定期开展复核工作，对不符合标准的及时撤销称号，村干部不再享受有关奖励。有效激发了村干部干事创业的积极性。脱贫后，兰考县持续评选"红旗"村，结合乡村振兴战略，调整完善了评选标准，将"四面红旗"调整为"稳定脱贫奔小康、基层党建、美丽村庄、乡风文明"四类。拿到了四面红旗，并不意味着就稳坐钓鱼台，2019 年，兰考县在三级干部会上专门设立了一个特殊的议程，让 8 名村支部书记上台交回"四面红旗"村奖牌，进一步树立奖惩分明的导向。

五是创新督促制度。在全省率先成立县级督查机构，充分发挥县委县政府督查局"利剑"作用，对脱贫攻坚开展全方位常态化不间断专项督查，确保驻村干部以高标准、严要求、实作风投身工作。先后调整了 3 名抓脱贫攻坚不力的乡镇党政正职，召回了 3 名工作不力的驻村第一书记，对 15 名履职不到位的农村党支部书记给予免职降职。

如今，干部的能力素质得到了明显的提升，主动性得到了极大的激发。仅以资本运作为例，以往运作 3 亿元以上的资金需要请市领导出面，用市里的指标到省工商银行去争取。如今兰考很多项目，不需要书记、县长出面，分管的副县长甚至城投公司的老总就能跑成。2016 年，兰考县放出去的第三个"PPP"项目是 27 亿元，按规模在全省是第一家，这在以前想都不敢想，也反映了干部能力的极大提升。[①]

---

① 樊祥胜：《抢抓机遇 乘势而上 坚持强县和富民相统一 打赢脱贫攻坚战（上）——访党的十九大代表、开封市委常委、兰考县委书记蔡松涛》，《行政科学论坛》2017 年第 9 期。

第三节　群众"比着干"

兰考在脱贫攻坚实践中，采取不同的措施加大了扶贫帮困的力度，一大批贫困户用自己勤劳的双手摘掉了贫困帽子，走上了致富之路。但也有一部分贫困户仍存在"等、靠、要"的依赖思想，有的本来自己可以办的事情却不办，等着政府和社会的救济和赞助；有的缺乏过紧日子的思想，领到扶贫款后不是用来发展生产，而是用于吃喝玩乐。一些多年一直被帮扶的贫困户，如今仍然是家徒四壁、一贫如洗。很多贫困户之所以贫困，物质缺乏是一个方面，但更多的是把贫穷当作了一种习惯，缺乏脱贫致富的志气和信心。为了找回那种"兰考人民多奇志、敢教日月换新天"的精气神，促进群众比学赶超，兰考多方发力，解决群众不愿干、不敢干、不会干的问题。

一、思想扶贫，解决"群众不愿干"

群众不愿干，是思想问题。扶志就是扶思想、扶观念、扶信心，帮助贫困群众树立起摆脱困境的斗志和勇气。如果扶贫不扶志，扶贫的目的就难以达到，即使脱了贫，也容易返贫。为了解决群众不愿干的问题，兰考通过积分管理、脱贫为荣等方式，从思想上转变贫困群众的"认命"、懒惰、依赖、功利等思想。

一方面，针对爱心帮扶"供""需"不对称的问题，为了达到"精准扶贫＋扶志"的目标，兰考整合工青妇群团组织和工商联资源，广泛动员党政机关、社会组织、企业（商会组织）和专业技术人员等各方社会力量参与社会扶贫，探索创新了以"爱心美德公益超市"为平台，以"巧媳妇工程""人居环境扶贫""助学扶贫"为支撑的"1＋3"社会扶贫工作机制。在积分管理上，兰考围绕激发内生动力，从改善户容户貌入手，探索了"以劳动换积分，以积分换物品"的帮扶模式。每家贫困户把院子和个人卫生收拾得干干净净，验收达标的会拿到爱心积分券，可以到"爱心美德公益超市"换取自己的生活必需品。如此一来，既能引导贫困群众改变不良习惯，靠勤奋和努力获得积分，达到"积分改变习惯，勤劳改变生活"的目的，又能确保贫困户受助有尊严。贫困群众看到了希望、增强了干劲，变"要我脱贫"为"我要脱贫"。全县逐步形成"谁干净、谁能干，小康路上比比看!"合力攻坚的浓厚氛围。

另一方面，兰考通过营造"脱贫光荣"的氛围，为思想扶贫注入"原动力"。"扶贫先扶志，脱贫靠自身"。激励贫困户树立"脱贫为荣"的荣辱观是脱贫攻坚取得成效的重要法宝。由于贫困地区、贫困户享有特殊政策支持和帮扶措施，在相当长的一段时间内，部分困难群众不愿意脱贫摘帽，抢着"吃低保""戴穷帽"的现象不时出现。对此，兰考通过宣讲提振精气神，在全县选拔一批优秀宣讲人才，聚村头、进地头、坐炕头，变"固定讲台"为"流动课堂"，宣讲内容从"高大上"变得"接地气"，真正使党的创新理论飞入寻常百姓家。与此同时，兰考狠抓扶贫政策宣传，实施脱贫攻坚集中报道行动，组织开展扶贫扶志网上主题宣传，邀请脱贫攻坚中涌现的先进人物讲述典型故事。一桩桩励志事迹、一件件脱贫故事形成了激励带动效应，贫困群众从"习惯贫困""被动脱贫"向"励志有为""自主脱贫"转变，树立了"自己干、大家帮，勤劳致富最荣光"的脱贫摘帽主人翁意识。在脱贫致富的道路上，兰考真正解决了"群众不愿干"的问题。

二、示范引领，解决"群众不敢干"

如果说"群众不愿干"属于思想问题，那么"群众不敢干"则更多涉及行动层面。对此，兰考通过典型示范、能人带动与产业带动等方式解决"群众不敢干"的问题。

针对贫困群众不敢干，害怕承担风险和损失的状况，兰考充分发挥党员干部的示范引领作用，激励广大党员干部做群众致富的领头雁。堌阳镇范场村党支部书记为了推动该村产业发展，带头将自己的工厂建在选定的工业园区，引领本地企业搬迁至工业园区，并多次去外地招商引资，带领村民逐步走上了富裕之路，得到了广大干部群众的支持和认可。三义寨乡白云山村开始建造一期温室大棚时，群众担心温室大棚搞不下去，土地流转金不能及时兑付，对这项产业持怀疑态度，村里就号召党员带头支持土地流转，分组做群众思想工作，最终建棚所需土地顺利完成流转。东坝头镇张庄村坚持"党员亮身份"，在每个党员家门前悬挂"党员之家"门牌，党员佩戴党徽常态化，充分发挥"一个党员一面旗帜"的先锋模范作用。实践中，张庄村结合产业发展、美丽村庄、乡风文明、社会和谐、扶贫帮困等工作实际，综合分析党员的年龄、能力、特长、身体状况等因素设置岗位，并根据履岗量化和日常其他表现量化积分，提高党员参与村级事务、带领群众脱贫致富的积极性。

在示范引领方面，兰考不仅充分发挥党员干部的先锋模范作用，还通过支持乡贤返乡创业，发挥乡贤的示范带动作用。红庙镇党委主要领导了解到该镇商会会长长期在外经商，想回家乡创业回报家乡时，主动找其洽谈，提供发展平台，出台激励措施，创造最优的招商条件，在镇村两级的支持下，商会会长不仅将企业迁回红庙镇门业园区，还动员4家同类型企业入驻园区，带动当地村民致富。

兰考通过党员干部示范引领、能人带动等方式，不仅为贫困群众脱贫致富带好了头，起好了步，解决了贫困群众发展的后顾之忧，还让他们的心热起来、行动起来，从而将脱贫的意愿转化为明确而具体的实践。有了示范引领，老百姓不仅敢想了，而且敢干了，脱贫致富谋发展的劲头越来越足了。

三、能力建设，解决"群众不会干"

贫困群众有了摆脱贫困的思想，有了脱贫致富的劲头，还必须要具备脱贫致富的能力。扶智就是扶知识、扶技术、扶思路，帮助和指导贫困群众着力提升脱贫致富的综合素质。扶贫不扶智，就会缺乏知识和技能，甚至造成贫困的代际传递，要从根本上摆脱贫困，必须智随志走、志以智强，实施"志智双扶"，才能激发活力，形成合力，从根本上铲除滋生贫困的土壤。为此，兰考通过教育培训添"后劲"，全面提升贫困群众的素养，解决贫困群众"不会干"的问题。

在培训目标上，兰考以全面提高农民的综合素质为目标，以农业产业发展为立足点，以生产技能和经营管理能力提升为两条主线，把握好助力产业扶贫和推动农业结构调整优化的农民教育培训方向，培训新型农业经营主体带头人、专业技能型和专业服务型农民。在培训体系上，兰考统筹利用好农业广播电视学校、涉农高校、职业院校、农业科研院所、农业技术推广机构等教育培训资源，引导鼓励农民专业合作社、农业产业化龙头企业、农民专业技术协会等市场主体，发挥自身优势参与教育培训工作，形成优势互补"一体多元、适度竞争"的农民教育培训体系。

在培训模式上，兰考大力推广"参训农民＋专家教授＋课堂培训＋基地实训＋创业指导＋扶持政策"精准培训模式，实现"要我培训"向"我要培训"转变。一方面，针对农民工创业热情高，但创业能力不足等问题，兰考制定了《兰考县农民工等人员返乡创业专项培训实施方案》，大力开展 SYB（START YOUR BUSINESS，意为"创办你的企业"）创业培训；在培训内容上，根据兰考实际增设了创业优惠政策、普惠金融知识等课程，注重把创业培训同项目论证、跟踪服务结合起来，把创业培训和项目库建设、项目推介结合起来，大力提高返乡入乡人员自身的创业素质和能力。另一方面，兰考依托国家科教云平台和"云上智农"App 试点，推行新型农业经营主体带头人"12 天＋30 学时"、"两专型"农民"5 天＋20 学时"线下线上融合培训模式试点，以农业绿色发展、农产品质量安全、农村生态环保等为目标导向，为参训学员遴选一批精品课程，推进线上线下融合培训，通过新媒体全面提升农民信息化手段应用水平。

　　兰考通过教育培训，优化技术培训服务，实施素质强化工程，让贫困群众掌握了脱贫致富的技能，拓宽了贫困群众的就业渠道，让贫困群众发挥自身所长脱贫致富。贫困群众不仅敢想了、敢干了，更会干了，走向生活富裕的道路更近了。

第六章　巩固脱贫成效

2017 年兰考县实现贫困县摘帽后，为了高质量完成剩余贫困人口的脱贫问题、深入巩固已有的脱贫成效、防止干部思想松懈，兰考县在习近平新时代中国特色社会主义思想引领下，因地制宜地坚持"四不摘"。"四不摘"延续了脱贫攻坚阶段一些好的经验，更是创新出一些更好的做法，传承了脱贫攻坚阶段的创新机制，更进一步优化升级了机制体系，坚守了脱贫攻坚阶段的攻坚品质，更弘扬了克难精神。

第一节　深刻理解"四不摘"

2017 年兰考县正式摘帽后，仍然面临着一些挑战。一是仍有部分建档立卡贫困户还未脱贫。这些未脱贫户均为脱贫难度较大的群体，需要下大功夫克服困难。二是稳定脱贫长效机制还没有建立起来。"两不愁三保障"的覆盖率尚未实现百分百，教育、住房安全、医疗等帮扶政策实施效果还需要进一步提升。有几类人群仍需持续帮扶，有些贫困户虽然脱贫了，但稳定性不是很好，存在一定的返贫风险；有些群众虽然不是贫困户，但是其总体情况并不比贫困户好多少，其生产生活水平也仅仅略好于贫困户；低保户、五保户、大病户、残疾人户等人群仍然存在生产或者生活方面的不便，仍然需要政府的关注。此外，脱贫户增收还不够稳定，有的产业基础比较薄弱，有的产业项目同质化严重，有的就业不够稳定，有的政策性收入占比高，加之新冠肺炎疫情对务工和产品销量的影响，产业收入和就业收入的稳定性仍显不足。还应注意的是，脱贫摘帽后部分干部思想略有松懈。有些干部觉得兰考县已经摘帽了，可以松口气、缓一缓了，可以减少精力投入，把重心转移到别的工作上了，松劲懈怠和精力转移将导致前期的良好态势得不到延续，因此必须及时扭转。

习近平总书记指出，摘帽县不能马上撤摊子，要坚持做到"四不摘"。第一，"四不摘"要求摘帽不摘责任。保持贫困县党政正职稳定，做到不脱贫不调整、不摘帽不调离。贫困县摘帽后，落实责任依然不能松劲。要强化党政一把手负总责的责任制，把"摘帽不摘责"当成干部工作的"标配"。第二，"四不摘"要求摘帽不摘政策。重点县退出后，在攻坚期内国家原有扶贫政策保持不变，抓紧制定攻坚期后国家帮扶政策。要留出缓冲期，在一定时间内实行摘帽不摘政策。第三，"四不摘"要求摘帽不摘帮扶。要加强贫困村"两委"建设，深入推进抓党建促脱贫攻坚工作，选好配强村"两委"班子，培养农村致富带头人，促进乡村本土人才回流，打造一支"不走的扶贫工作队"。要充实一线扶贫工作队伍，发挥贫困村第一书记和驻村工作队作用，在实战中培养锻炼干部，打造一支能征善战的干部队伍。第四，"四不摘"要求摘帽不摘监管。贫困县退出后，要加大致贫返贫风险防控力度，建立相应的保障机制、风险规避机制，适时组织对脱贫人口开展"回头看"，对已脱贫的贫困户和困难群众进行动态监测并及时预警，发现返贫风险及时采取帮扶措施，确保脱贫户不返贫。

兰考县按照习近平总书记的重要指示要求，结合本地实际情况形成了兰考县的"四不摘"方案。通过全面落实基本保障政策和扩充综合性保障政策，更加精细化的产业帮扶和就业帮扶措施，不仅帮助剩余贫困人口顺利脱贫，还满足了脱贫不稳定户、边缘易致贫户、低保户、五保户、大病户、残疾人户等多群体的需求，有效实现了全面脱贫与稳定脱贫。通过明确责任分工、稳定帮扶关系、改革监察方式，及时遏制了干部思想松懈、投入力度缩减、工作中心转移的倾向，真正实现了"领导带头干，干部比着干"的热烈氛围。

第二节 "三个落实"建体系

2017年兰考县实现贫困县摘帽，为继续巩固脱贫成效，兰考县继续坚持"四不摘"。通过脱贫不脱责任，明确了怎么做的问题；通过脱贫不脱政策，明确了做什么的问题；通过脱贫不脱帮扶，明确了谁来做的问题；通过脱贫不脱监管，明确了怎么做好的问题。

一、脱贫不脱责任

习近平总书记强调，贫困县摘帽后，落实责任不能松劲。贫困县摘帽后，兰考县认真总结脱贫攻坚阶段的经验，在原有分工的基础上进一步细化了责任，并对应地调整了工作制度，通过更加精准的分工和人力资源下沉，真正确保脱贫不脱责任。

（一）明确责任分工

脱贫攻坚期，兰考县借助责任体系，高质量地实现了脱贫摘帽。但是脱贫摘帽后，兰考县面临着难度更大、层次更多元的挑战，剩余贫困户的脱贫难度更大，巩固已有脱贫成效需要更加精细化、更加专业化的投入。通过总结过去的经验、吸取过往的教训，兰考县形成了更加精细化的责任分工体系。在县级层面，县委书记和县长担总责，其他县级干部抓好各自攻坚任务，并全部分包乡镇（街道）、重点村，帮扶剩余贫困人口中的"重点户"，确保户均两项以上增收扶持措施、提升户容户貌达到"五净一规范"、政策落实到位。行业扶贫单位负责组建精通业务的专职扶贫队伍，主抓行业扶贫，派出单位主要负责人选优配强驻村工作力量，肩负起保障责任，支持做好重点帮扶。在新的责任分工体系的推动下，兰考县各局委办纷纷把一些责任意识更强、对政策理解程度更高、执行能力更强的科室骨干纳入帮扶队伍，重新优化调整帮扶队伍结构。在乡镇层面，乡镇（街道）党（工）委书记是乡镇范围内稳定脱贫工作的总指挥，负责推动乡镇范围内稳定脱贫的各项工作，完成"大走访"任务。为了更好地责任到人，兰考县下辖各乡镇每周至少召开两次专门的例会，由书记和镇长主持会议，管区区长、各科室主任、业务骨干全员参加，大家在会议现场面对面地把责任对接好，把责任具体分到每个人头上。在村级层面，驻村工作队、村"两委"成员重点落实日常帮扶责任：宣传落实各项扶贫政策，提高双向认知度；完善村户档案，确保村户、卡、机一致；做好动态调整，杜绝漏评、错退；发展特色产业，壮大集体经济；改善农村人居环境。在此基础上，有些村庄还尝试性地细化了村庄内部的分工，比如青龙岗村就重新划分了驻村工作队和村干部的分工，驻村工作队主抓产业发展和环境整治，村干部主抓入户等和一对一打交道的工作，通过进一步分工，村级层面的工作效率提升了，干部之间相处起来更加顺畅了。

（二）狠抓责任落实

进一步明确了责任分工后，下一步就是如何落实责任的问题。兰考县在以往工作制度的基础上更加细致地调整了工作制度，制定了针对不同层级干部的工作制度，踏踏实实地促进各项责任的落实。在县级层面，推行周例会和月推进会制度、县委常委会专题研究脱贫攻坚工作制度、"百日住村"制度、座谈会制度、板凳会制度、走访建档立卡户制度、每周到分包联系村住一晚活动制度。巩固脱贫成果阶段，兰考县对贫困治理工作的专业性、精准性要求更好。在责任落实制度的约束下，县级治理资源极大地下沉到了镇村工作的实际指导中，确保实时精准地指导镇村干部落实工作。用兰考县组织部副部长的话说，现在你去各局委办就会发现，办公室里没有以前那么多人了，原因是有一半的干部都到实地落实工作去了。在乡镇层面，党政正职统筹推进各项工作落到实处，严格落实"五级书记"抓扶贫的指示要求，以问题为导向狠抓工作落实，各项工作均有人跟进、督促、落实，进一步提升群众满意度。为了确保责任能够有效落地，兰考县各乡镇都结合本乡镇的实际情况创新了诸多行之有效的制度，比如红庙镇为了落实各项责任，创造性地开设了稳定脱贫奔小康服务热线。红庙镇通过把民政、医疗、厕改、信贷等各个负责人的联系方式张贴在农户家门口，并由党委书记担任总监督人的方式，确保各项工作落实到位，确实提升群众办事的便捷度，提升群众的满意度。在村级层面，依托责任组长、村"两委"、驻村工作队，协调推行稳定脱贫奔小康的责任落实。通过每周的村脱贫攻坚小组例会和贫困户政策宣讲晚间"板凳会"，确保政策宣传到位，通过所有建档立卡户的日常帮扶制度、每周遍访未脱贫户制度、每季度遍访所有建档立卡贫困户制度，确保责任扎实落地。

二、脱贫不脱政策

习近平总书记指出，脱贫攻坚主要政策要继续执行，做到摘帽不摘政策。贫困县摘帽后，兰考县在总结以往经验的基础上，设计了覆盖范围更广、精细化程度更高、针对性更强的政策体系。扩大了教育、医疗、住房政策的受众范围，升级了兜底户、残疾人、特困人员的帮扶办法，探索了脱贫不稳定户和边缘易致贫户的产业和就业帮扶措施，获得了群众高度认可。

（一）坚决做好"三保障"

调研组在实地访谈过程中，不止一次听到村干部谈到教育的重要性，他们一致认为，一个家庭只要能培养一个大学生，这个家庭就有希望了。认真总结脱贫攻坚经验后，兰考县在国家教育扶贫政策的基础上，进一步延伸了教育帮扶政策的覆盖面。一方面，形成小学领导干部与全县行政村以及小学教师与建档立卡户中义务教育阶段学生的结对关系，还通过教师送教上门的方式，保障了所有贫困家庭适龄儿童义务教育的权利。调研组在兰考县入户的时候发现，义务教育送上门的做法，使得残疾儿童也能实现义务教育的权利，获得了当地群众的一致称赞。另一方面，在国家帮扶政策的基础上，兰考县还实施了教育帮扶扩充政策。贫困户的教育帮扶政策实现了全覆盖，贫困户家庭只要有孩子上学，不论处于哪个阶段，均可获得政府补贴。对于非贫困家庭，兰考县把补贴从原来只针对全日制本科家庭扩展到了所有高中以上学生的家庭。

一些贫困户因为交通、行动等方面的不便，影响了国家政策的实施效果，这时，就需要基层因地制宜地创新一些好的机制，确保老百姓真真正正地享受到国家福利。兰考县顺势应时地推出一些配套性政策，通过深入实施困难群众先诊疗后付费、家庭医生签约服务、一站式结算等制度，确保广大群众便捷享受到医疗优惠政策。通过加大县财政的补贴力度，确保贫困人口住院自付率不超过 10%，通过实施乡镇卫生院服务能力提升工程，让广大群众在家门口就能享受到专业高效的医疗服务。兰考县上述这些配套性的改革，提升了镇村医疗服务水平，提升了贫困群众的报销比例，为群众就医提供了极大的方便，获得了群众的高度好评。

在住房工程提升方面，兰考县首要考虑的是实现群众的住房安全。兰考县把建档立卡贫困户、低保户、农村分散供养特困人员和贫困残疾人家庭等四类重点对象放在危房改造的优先位置，并按照政策要求逐一落实危房改造政策，按标准落实改造面积和发放补助。在住房安全有保障的情况下，兰考县还想要实现老百姓真正地住下来、待得住、住得满意。因此，兰考县大力推进以人为本的新型城镇化建设，加快人居环境改善和美丽乡村建设步伐，既突出乡村特色文化，又融入现代生活元素，既推动集中居住和农村社区化，又保留乡土文化和民风民俗，不断增强人民群众的宜居感、舒适感和幸福感。

（二）综合扶持守底线

除了调整教育、医疗、住房的帮扶政策的质量和覆盖面外，兰考县还制定了针对不同人群的关怀政策。按照以往的政策，低保总收入低于贫困线，帮扶无劳动力人群达到收入线的办法主要有两种，一种是拿帮扶资金入股产业，通过分红的方式增加收入；一种是帮扶责任人或者责任单位给钱给物。但是，第一种方式贫困户没有实际参与产业，第二种方式不可能持续下去，因此，两种方式都不长效。为了解决这个难题，兰考县探索性地将最低生活保障线与扶贫线统一起来，并让政策兜底户、符合条件的未脱贫、返贫建档立卡贫困户全部享受低保，真正实现兜底救助。另外，兰考县还制定了一些临时性救助政策，通过防止返贫和即时救助有效衔接，解决突然因病、因灾、因意外致贫返贫家庭的生活困难问题。

针对残疾人群，兰考县也细化了帮扶办法。对于有劳动能力的残疾人群，统筹国家扶贫资金、帮扶单位帮扶资金、社会帮扶资金，整合政府政策、企业资源、社会力量，建设残疾人扶贫示范基地，鼓励引导残疾人群根据自己的能力从事不同的岗位，这样既让残疾人群通过劳动获得尊严，也提升了脱贫成效的可持续性。对于丧失劳动能力的残疾人，兰考县则统筹县财政发放困难残疾人和重度残疾人补贴，并组织重度精神残疾人参加阳光托养工程。调研组在兰考县入户时发现，经过政府因人施策的就业帮扶，残疾人群都过上了吃穿不愁、体面尊严的生活，还有的残疾人在政府的引导下找到了适合自身特长的工作，他们通过自身的努力，装修了房子，娶了媳妇，生活过得非常有劲。

针对特困人员，兰考县也根据本人意愿采取灵活的救助措施。如果特困人员有一定自理能力且有亲属愿意供养，兰考县便会组织村"两委"、驻村工作队、特困人员本人、赡养人签署四方协议，让特困人员居家供养。如果特困人员完全丧失自理能力，兰考县就采取集中供养的方式。比如红庙镇青龙岗村的一位六十五岁的五保户，生活能够基本自理但是没什么劳动力养活不了自己，他不愿意住养老院，他侄儿又愿意照顾他，政府每个月给他侄儿300块钱，补贴他侄儿照顾他的花销，村干部也时常关注着他的生活状态，确保老人有人管。

（三）双管齐下稳脱贫

实现了吃穿不愁，稳定增收就是下一步的考虑，这就需要靠产业和就业。通过脱贫攻坚期间的努力，兰考县的绝大多数贫困群众通过发展产业、稳定就业摆脱了贫困，稳定脱贫奔小康阶段，则需要重点关注脱贫不稳定户和边缘易致贫户。因此，当务之急，是因地因户因人施策，采取更有针对性、更加精准的产业帮扶措施，稳步提高群众收入。兰考县重点培育发展了"花生、红薯、苗圃、养鸡、青贮玉米"5种订单农业型产业，"瓜菜、养羊、乐器、经济林、食用菌"5种能人带动型产业，确保每户至少拥有两项以上增收产业，把两类人群的产业收益从务工、生产环节延伸至加工、物流、销售等环节，通过好的产业有效帮扶两类人群。比如葡萄家乡杜寨村结合本村的实际情况探索性地发展起了蜜瓜产业，现在村里已经发展了475多个棚，优先帮扶脱贫不稳定户和边缘易致贫户。劳动力强的单独租一个棚，一年基本收入2万元左右，劳动力不足的可以在棚里务工，一年基本收入6000元左右。杜寨村现在创新了二次分红制度，市场效益好的时候，两类人群还能获得蜜瓜产业在生产、物流、销售环节的收益分红，人均还能再增收2000元左右。

另一方面，兰考县从提升两类人群就业稳定性方面入手，实现两类人群的稳定增收。脱贫攻坚期间，兰考县的就业帮扶政策追求覆盖面，重点关注贫困人口的就业比例。稳定脱贫奔小康阶段，兰考县的就业帮扶政策追求精准性和专项性，专门成立了就业创业扶贫硬仗指挥部，每周至少召开一次就业推进会，重点关注两类人群，讨论如何为两类人群提供针对性的就业援助和就业培训，脱贫不稳定户要防止他返贫，边缘户要防止他陷入贫困。一是搭建了"外出务工、产业体系就业、乡镇产业园就近就业、居家灵活就业、公益性岗位就业"5种就业模式，确保两类人群根据自己的实际情况选择合适的就业方式，比如，妇联组织根据妇女的实际需求灵活设置了巧媳妇就业点，通过小型加工车间的方式让妇女能够利用闲散时间增加收入。二是根据两类人群的实际需要，针对性地搜集推动就业信息，针对性地开展就业技能培训，拓宽两类人群的就业渠道。三是统筹县财政资金设置村协管员，在实时跟踪村庄贫困人口就业情况的同时，重点关注两类人群的就业信息，把两类人群的就业动态实时地通过网格系统上报给乡镇和县里，乡镇和县里主动及时地为两类人群提供帮助，确保两类人群的稳定就业和持续增收。

三、脱贫不脱帮扶

习近平总书记强调，贫困县摘帽后，扶贫工作队不能撤，做到摘帽不摘帮扶。贫困县摘帽后，兰考县汲取脱贫攻坚期的有效经验，把支部连支部从贫困村拓展至非贫困村，让所有村庄都有了帮扶支部，重新调整了干部联户的关系，加强了对两类人群的关注力度，加大对驻村工作队和村干部的激励力度，极大地激发了干部的干劲。

（一）定向结对添助力

在脱贫攻坚期，兰考县就创新了"支部连支部、干部联到户"机制，通过组织机关企事业单位党支部的优秀党员干部组成115支工作队与115个建档立卡贫困村形成结对帮扶关系，这一结对帮扶关系在助力贫困村出列方面释放出了巨大能力，发挥了重要的帮扶作用。2017年摘帽后，为了进一步发挥支部连支部的积极作用，扩展支部连支部的帮扶效用，兰考县一方面把115个建档立卡贫困村的扶贫工作队就地转化为稳定脱贫奔小康工作队，实现扶贫帮扶和稳定脱贫奔小康帮扶无缝衔接；另一方面在原有结对关系的基础上，又重新组织339个支部与非贫困村形成结对关系，实现了县域内村庄帮扶支部的全覆盖。在干部联到户方面，针对脱贫摘帽后面临的新情况，兰考县一方面调整了干部联户的总体情况，确保干部联户的全覆盖、无死角，另一方面把干部联到户的重心转移至两类人群，科级干部、驻村工作队员结对帮扶脱贫基础较为薄弱的 2018 年、2019 年脱贫户，确保这一群体的稳定脱贫。

通过"支部连支部、干部联到户"机制，兰考县在全县范围内建成了稳定长效的结对关系。在支部连支部方面，通过县里支部与村庄支部的对接，即便县里支部人员发生了调动，但是只要支部一直在，帮扶关系就一直在，县里的支部就能源源不断地为村庄提供支持和帮助。在干部联到户方面，通过公职人员与贫困户的联结，不管责任人的岗位如何调动，帮扶关系一直都在，那么责任人对贫困户的帮扶责任就一直都在。这么一来，不仅更容易激发干部们的责任担当，也很容易凸显帮扶成效。

（二）奖惩并举添活力

为了提升驻村工作队的帮扶成效，兰考县一方面有效结合考核和问责制度，全面激发驻村工作队的责任意识。通过加强对驻村工作的考核和问责强度，问责一批不作为、不务实的工作队员和支持不力、管理不善的派出单位，树立"干与不干不一样"的政治导向。通过制定约束，干部们不仅要干，还得干好，干出成绩，经过这几年的锤炼，兰考县驻村干部的精气神蒸蒸日上。

另一方面，通过建立干部的激励机制，激发干部的工作积极性。稳定脱贫奔小康阶段，兰考县进一步升级了驻村干部的激励制度，通过授予工作成效突出的驻村工作队成员"稳定脱贫奔小康工作标兵"的荣誉称号，并给予其优先发展党员、优先转变编制、优先提拔录用的激励，极大地激励了驻村干部的干劲。稳定脱贫奔小康期间，也就是 2017 年 3 月摘帽后，兰考县所有获得"稳定脱贫奔小康工作标兵"荣誉称号的干部均优先发展为了党员，

93 名获得"稳定脱贫奔小康工作标兵"荣誉称号的干部从事业差供转成了事业全供编制，还有一些工作成效特别突出的干部直接被提拔为副镇长，从事业差供直接转岗为公务员编制，52 名获得"稳定脱贫奔小康工作标兵"荣誉称号的干部获得了晋升提拔，提拔率接近 75%。兰考县不拘一格降人才的做法，极大地激发了全县驻村干部的工作热情，兰考县政法委干事给我们调研组讲述了他的故事，他就是因为担任驻村队长期间工作做得好，直接从乡镇提拔到了县政法委的股级干部，他说这几年兰考县的干部制度改革力度非常大，激发了很大一批年轻干部的干劲，年轻干部们都一致认为，只要认真干、干得好，组织上和群众就一定会认可。

（三）制度改革增动力

一方面，兰考县通过培训交流和优化队伍的方式提升村干部的治理能力。在培训交流方面，兰考县一个创新性的做法是让优秀的村干部当讲师，现身说法地传授经验。比如，代庄村是兰考县的六个三面红旗村之一，代庄村的村支书就是村支书中的优秀代表，他是农村知识青年、乡村致富带头人，还是优秀党员干部。在每年的村（社区）党支部书记集中培训会上，他都要分享自己的治理经验，把自己平时工作中的一些好的做法和其他村支书交流。在优化队伍方面，兰考县的总体思路是，把党员培养成致富带头人，把致富带头人培养成党员，把又是致富带头人又是党员的培养成村干部。调研组通过驻村调研发现了这几年优化干部队伍的成果显著，比如，杜寨村支书带着全村种的蜜瓜是全县的三大新产业之一，代庄村的村支书是兰考县村支书里唯一的兰考干部学院基层干部讲师，龙岗村支书是木门产业的老板，霍寨村的村支书领着全村种香菇大棚。

另一方面，通过提升待遇和改革人事制度，激发村干部的积极性。在村干部的待遇方面，兰考县不仅给村支书上调了基本工资，还配套了社保、医保和工商保险，村里每评上一面"红旗"，村（社区）党支部书记工作报酬标准每月上调 500 元，其他"两委"干部分别上调 300 元。比如，付楼村就是三面红旗村，村支书一个月的工资增加 1500 元，其他干部一个月的工资增加 900 元，村干部收入的巨大变化，不仅极大地激发了在职村干部的工作积极性，还吸引着一大批年轻人争当村干部。在村干部人事制度方面，优秀村干部能够通过考试进入事业或者公务员编制，产业发展得好、技术水平高的村干部还有机会被聘为科技副镇长。2017 年以来，每一年都有 5 名以上的优秀村干部通过个人努力进入事业或者公务员编制，2020 年兰考县聘任了 18 个挂职科技副镇长，不仅给村干部带来了极大的工作动力，更带动了整个县域经济的快速发展。

四、脱贫不脱监管

习近平总书记要求，贫困县退出后，要加大致贫返贫风险防控力度，建立相应的保障机制、风险规避机制，适时组织对脱贫人口开展"回头看"，对已脱贫的贫困户和困难群众进行动态监测并及时预警，发现返贫风险及时采取帮扶措施，确保脱贫户不返贫。脱贫摘帽后，兰考县将稳定脱贫防返贫工作督查大力度全覆盖。在具体工作领域，兰考县完善了两类人群的监控机制，开展了扶贫领域信访问题专项治理工作，加强了三资运营的风险控制力度，真正实现了把风险控制在事前、把危机遏制在萌芽阶段的效果。

（一）共督共查聚合力

2017 年以前，兰考县扶贫监督工作主要依靠县扶贫办和纪检部门。但是，从机构的层面看，扶贫办不是专门的督察部门，没有专门的督察权，又和其他局委办属于平级单位，其他部门是否配合监督全靠自觉，导致扶贫办的监督效果不甚理想，纪检部门虽然是专门的督察部门，但是纪检部门主要关注干部纪律、党员作风等，很难兼顾到扶贫工作的方方面面。从个人的层面看，村干部不是国家公务员，适用于公务员的一些纪律约束，对村干部不管用，一票否决制能够有效约束领导干部，却对普通公务员的约束力不足。然而，2017年脱贫摘帽后，兰考县对扶贫工作的要求更加严格、更加精细，这就需要辅之以更加健全的督察体系。为此，一方面，兰考县组建了由县委书记和县长牵头的县委县政府督查局，并联合县纪检监察、县委组织部、县扶贫办等单位组成督查组，不仅提升了督查工作的权威性，还将督查工作与纪检监察工作有机结合，构筑了督促检查推动工作落实、纪检监察强化责任追究的双重督查问责机制，在全县营造了风清气正合力攻坚的浓厚氛围。

另一方面，兰考县加强了扶贫办的力量，树立了扶贫办的权威，让扶贫办真正发挥综合协调的作用，统筹推进各项工作，把扶贫办从单纯的"作战处"变成了脱贫的"参谋部"，让扶贫办也真正发挥监督作用。扶贫办是抓扶贫的业务部门，它更清楚国家政策的要求，更能客观判断各项政策实施的实际效果，也更清楚贫困户到底需要什么，因此，提升扶贫办的权威性，有利于提升督察效果。

（二）防治结合控风险

除了督察机制方面的改革，兰考县也同步优化了具体领域的防控工作力度。脱贫摘帽后，扶贫工作重心转向两类人群，为了实现两类人群的实时监督，兰考县给每个村配备了网格员，网格员每天在系统中更新两类人群的新变化，并且给每一位脱贫易返贫户和边缘易致贫户都配备了帮扶责任人，责任人需一对一地关注两类人群。结合大数据监测平台和帮扶责任人的反馈，一旦发现问题，立刻采取措施，将风险控制在萌芽阶段。仪丰乡党委书记告诉我们调研组，她每天都会关注网格系统，一旦发现新情况，第一时间联系驻村队长和村支书，一起想办法解决问题，大数据平台确实能帮助干部们及时解决新问题，把风险控制在萌芽阶段。

还有一项是扶贫领域信访问题专项治理工作，兰考县基层干部口中有一个顺口溜"小事不出组，大事不出村，矛盾不出乡，困难不上交"。具体怎么做到"小事不出组，大事不出村"呢？在村庄内部，村支书是村矛盾调解总负责人，每个村干部分包一个村民小组，村支书关注其他村干部，其他村干部关注每个村小组的党员、群众代表、入党积极分子，每个党员、群众代表、入党积极分子关注3—5户群众。如果有群众对扶贫工作不满意，党员、群众代表、入党积极分子先主动和群众沟通调解，若是解决不了，把问题汇集到村民小组长那里，组长把这个组的党员、村民代表、有威望的乡贤叫来一起调解。村民小组内解决不了的，村支书召集村干部、包村干部、驻村干部一起议事。具体怎么做到"矛盾不出乡，困难不上交"呢？如果村庄内部依然解决不了，村支书把问题告知乡镇的包村干部，包村干部把问题上报乡镇综治中心，大部分的矛盾纠纷在村庄内部都能化解，剩余的小部分问题到了乡镇综治中心也得到了解决。兰考县通过网格化治理方式，确保群众关心的热点难点问题及时得到解决，进一步提高脱贫攻坚质量，提升脱贫成色。

在项目资金监督方面，一方面，兰考县鼓励项目试行，待项目成熟后再广泛推广，以此最大限度减少资金浪费。以前，很多干部因为急于见成效，着急地想要贫困户脱贫，想要贫困村摘帽，往往不经过产业试验阶段就直接大规模上马产业，这个时候，产业是否发展得好，扶贫资金是否能产生效用，就很难保证了，因此也发生了一些扶贫资金浪费的现象。自从项目资金监管制度逐步健全后，干部们都是先进行试验，确保产业适合本地，确保贫困户能够掌握种养技术，才推行规模化发展。杜寨村的蜜瓜产业就是这么发展起来的。2016年，杜寨村的村支书先组织村干部试验了一个瓜棚，试验成功后，才带领全村一起发展蜜瓜，杜寨村正是因为严格进行了产业试验，扶贫项目资金才真正地用在了刀刃上，杜寨村的村集体经济收入大幅增加，村民收入极大提升。另一方面，在全县范围内开展三资确权工作。通过建立权属清晰、职责明确、运营持续、管护资金有保障的扶贫资产管理机制，使得权责更加清晰，责任意识更加清楚，最大限度防控扶贫资金资产的运营风险。

第三节　精细治理见成效

兰考县通过坚持"四不摘",群众精神面貌发生了显著转变,脱贫自主性得以激发;脱贫质量明显提升,稳定脱贫实现了可持续性发展;攻坚经验得以弘扬,长效治贫机制得以建立;干群关系更加亲近,大大提升了干部和群众的幸福感。

一、"内生动力"不断激发

在脱贫攻坚初期,输血式主导的帮扶形式,助长了部分贫困户的"等靠要"思想,认为脱贫是国家和干部的事,滋生了部分贫困户的依赖心理,认为我没脱贫是干部工作没做好,一些地区争当贫困户的风气盛行,认为谁穷谁光荣、谁穷谁有理,这不仅阻滞全面脱贫与稳定脱贫政策目标的实现进程,甚至引发非贫困户对干部的不满,影响乡村社会的稳定与和谐。延续"四不摘",坚持脱贫攻坚期的有益探索,继续转变群众的认识。通过文化扶贫的方式,倡导劳动光荣、劳动致富的文明理念,评选"好媳妇""好婆婆""五星公民"等荣誉称号,在潜移默化中引导贫困户接受新思想,将自力更生、积极进取的思想根深蒂固于价值体系中。通过政策改革,将帮扶模式转变为以贫困户参与为主的发展型和可持续性的长效模式。通过制度创新,借助便民服务预审制度、劳动积分兑换制度、农民夜校制度等,最大限度地激发贫困户自主脱贫的积极性,催生贫困户的主观能动性,将脱贫从靠政府变成靠自己,确保稳定脱贫的长效性。通过坚持"四不摘",群众的精神面貌发生了显著转变,积极学习新技术、新理念,主动寻求发展的机会,争先脱贫,以脱贫为荣,以致富为荣。如此,待政策扶持、资金支持、项目帮扶逐渐撤离,脱贫户依靠觉醒的自主意识、实用的技术、稳定的就业实现自我发展,我国的贫困治理亦将转变为政府引导、干部服务、农民自主的可持续性发展模式，这不仅为我国贫困治理的高质量发展夯实基础，也为乡村全面振兴和城乡融合奠定良好基础。

二、脱贫质量明显提升

"四不摘"推动贫困治理从维持型转变为发展型，推动贫困防控从事后治理转向事前防范，脱贫的稳定性和可持续性显著增强，脱贫质量明显提升。第一，"四不摘"的贯彻落实，推动"两不愁三保障"政策目标高质量高标准实现。通过对标整改促进政策落实，全面实现不愁吃、不愁穿、学有所教、安全住房、病有所医，切实保障脱贫户的基本生计，夯实稳定脱贫的基础性条件。第二，"四不摘"的贯彻落实，推动产业优化升级、就业灵活稳定，确保脱贫户增收的稳定性。通过推动产业三品工程的标准化建设，拓宽扶贫产品品类、提升扶贫产品质量、健全扶贫产品品牌体系，进而提升扶贫产品的市场竞争力，确保脱贫户增收和就业的稳定性。通过大力发展消费扶贫，拓宽线上线下扶贫产品销售渠道，构建政府企业社会多元协同治理格局，推动农业加工业服务业三产融合发展，打造生产加工销售宣传综合性服务平台，延伸脱贫户参与利益分享的环节，确保脱贫户收益的稳定性。通过探索多形式的灵活就业模式，实现不同劳动力水平贫困户灵活参与就业，多渠道拓展脱贫户增收渠道。第三，"四不摘"的贯彻落实，推动政策设计更加精细化。稳定脱贫奔小康时期，针对新时期人群的新特征，系统设计了针对脱贫不稳定户、边缘户、五保户等特殊群体的具体帮扶制度，确保帮扶措施的精细化和精准性。第四，"四不摘"的贯彻落实，推动风险防范系统臻于完善。通过全面提升基础设施建设水平、健全社会保障制度、完善风险预警和防控体系，最大限度降低返贫风险，最大限度降低返贫概率。

三、攻坚经验得以转化

兰考县在脱贫攻坚阶段积累的宝贵经验和精神，在稳定脱贫奔小康阶段得到了很好的延续和弘扬。其一，在稳定脱贫奔小康阶段，兰考县继续延续脱贫攻坚阶段以全面脱贫总揽经济社会发展全局思路这一整体性治理思路，以稳定脱贫奔小康统揽经济社会发展全局，有效巩固拓展了脱贫成效。其二，脱贫攻坚阶段，兰考县逐步推动治理格局从政府主导的单中心模式转向政府引导、企业带动、社会参与的多中心模式。在稳定脱贫奔小康阶段，兰考县全面推动地方政府角色从划桨者、掌舵者转型为服务者、协调者、组织者。其三，兰考县在脱贫攻坚阶段探索形成的制度改革，在稳定脱贫奔小康阶段进一步地巩固和完善了。比如，把支部联支部从贫困村延伸至非贫困村，把干部联户进一步调整为重点关注两类人群，把一些村干部临时性的激励机制上升为常规制度。其一，经过稳定脱贫奔小康阶段的巩固洗礼，领导敢改革、敢担责，干部敢克难、能吃苦的宝贵精神，已经从脱贫攻坚阶段的扶贫干部身上延展至每一个领导干部的内心深处。其二，经过稳定脱贫奔小康阶段的巩固洗礼，基层干部从脱贫攻坚阶段的国家政策执行者的角色进一步提升为困难群众服务者的角色，从脱贫攻坚阶段的高质量完成任务的追求进一步提升为高标准提升群众满意度的追求。其三，经过稳定脱贫奔小康阶段的巩固洗礼，基层干部的工作态度从脱贫攻坚阶段的适应农村、了解农民上升为热爱农村、爱护农民，基层干部的工作动力从依靠政策动员、组织号召转变为服务基层、提升自我。

四、干群关系更加亲密

通过脱贫攻坚阶段的努力奋斗，干部作风、服务能力、干群关系得以有效改善。经过稳定脱贫奔小康阶段的坚持"四不摘"，干部作风、服务能力、干群关系进一步巩固提升。对于基层干部而言，经过稳定脱贫奔小康阶段的坚持"四不摘"，通过和群众深层次的打交道，更加能体会国家政策的初衷，了解群众的实际需求，掌握农村社会的真实状况，从而更加坚定了奉献农村的信念。通过长期驻村入户的工作经历，熟悉地方性知识和惯习，了解和老百姓打交道的方式，锻炼了自己理论结合实际的能力，提升自身的政策领悟力和制度执行力，从而更加坚定了服务农民的信心。通过扎扎实实执行政策，切切实实感受到农村的变化，真真切切体会到贫困户的变化，点点滴滴感受到群众对国家对自我的认可，从而深刻体会到奋斗者的幸福感。对于群众而言，国家政策不落下任何一个贫困户的政策部署，全力以赴攻坚克难的决定决心，以群众呼声为宗旨的制度改革，让群众更加信任国家、信任中国共产党，相信国家要让每个人分享国家发展红利的坚定意志。县乡治理资源的大幅度下沉，基层领导干部长期与群众同吃同住，驻村干部和村干部想尽一切办法帮扶困难群众，帮扶单位排除一切苦难支持帮扶对象，使得群众与基层干部建立了深厚的感情，增强了群众对基层干部的信任感，提升了群众的满足感和幸福感。

第七章　推进有效衔接

脱贫摘帽不是终点，而是"新生活"奋斗的起点，接续推进乡村振兴是更好解决"三农"问题的关键。对于"摘帽县"而言，做好脱贫攻坚与乡村振兴有效衔接，具有更为实在的意义。实践中，兰考将脱贫摘帽作为新的起点，对照乡村振兴战略"产业兴旺、生态宜居、乡风文明、治理有效、生活富裕"的总方针，从五个方面推进脱贫攻坚与乡村振兴有效衔接并取得了可喜的成绩，下好了乡村全面振兴的"先手棋"。

第一节　立足"新起点"

2017年3月27日，兰考正式退出国家级贫困县序列，成为全国第一批脱贫摘帽县。兰考脱贫摘帽了，但接下来的路该怎么走？这成为摆在兰考面前的一项新课题。现实地看，兰考虽然率先脱贫摘帽了，但县域发展基础依然比较薄弱。一是兰考的产业基础依然薄弱，农业生产组织化程度较低，一家一户小规模生产种植和销售仍然占据着主导地位，缺乏规模化的龙头企业带动，一二三产业链不完善，农产品附加值低，带贫效果不明显；二是个别地方对农村危房改造清零工作仍不够重视，部分村庄和农户仍然存在环境不干净不整洁的现象，今后在广泛发动农民群众力量，助推美丽乡村建设方面仍有许多工作要做；三是剩余贫困人口发展能力不足，持续稳定增收基础仍然十分薄弱。总的来说，与乡村全面振兴的目标、与习近平总书记"三个起来"的要求相比，兰考还有很多的工作要做。

另外，经过"三年脱贫"的奋斗拼搏，兰考的干部感受最深的是脱贫攻坚是"三农"领域工作思路最清晰、工作抓手最明确、工作机制最健全、工作队伍最完整、工作保障最有力的实践，兰考在脱贫攻坚实践中已经留下了宝贵的实践经验并凝聚了强大的精神力量。其一，兰考在脱贫攻坚工作中形成了许多弥足珍贵的经验。坚持以脱贫攻坚统揽经济社会发展全局是兰考如期实现脱贫攻坚目标，全面建成小康社会的制胜法宝。在脱贫摘帽前，兰考围绕"六个精准"凝练总结出了"四点感悟"：建立党政齐抓共管的体制机制，把"以脱贫攻坚统揽经济社会发展全局"落到实处；分类施策均衡推进，把"六个精准"落到实处；以改革创新破解关键制约，把"激发内生动力"落到实处；建强队伍树好导向，把"抓好党建促脱贫攻坚"落到实处。这些经验对于推进今后的工作具有极其重要的作用，对于实现乡村振兴也具有十分重要的意义。其二，兰考通过脱贫攻坚激励干部担当作为，使兰考广大干部的精气神得到持续提振，工作作风得到持续转变，成为今后兰考跨越发展的根本力量。在脱贫攻坚实践中，兰考多措并举，激发群众内生动力，全县逐步形成"我奋斗、我光荣、自己干、大家帮，脱贫致富奔小康"合力攻坚的浓厚氛围。兰考不仅对内宣传注重激发干群内生动力，而且对外依托中国扶贫交流基地建设讲好兰考经验故事，树立兰考良好形象。在兰考广大干部群众的共同努力下，兰考已经凝聚起合力攻坚的强大精神力量。这些好做法、好经验以及所形成的好气候、好生态对于乡村振兴同样具有重要意义。

作为全国第一批脱贫摘帽的贫困县，兰考坚持走在前列、做出示范。在巩固拓展脱贫成果过程中，有序推进脱贫攻坚与乡村振兴衔接。具体来说，通过准确把握脱贫摘帽后面临的新形势与新任务，统筹考虑巩固拓展脱贫成果与布局乡村振兴，做到既不懈怠，也不急功冒进，而是在巩固拓展中实现"有效衔接"。特别是，凭借脱贫攻坚前期宝贵的实践经验与强大的精神力量，面对好的发展态势、好的发展环境、好的发展机遇，兰考把脱贫摘帽作为新的起点，不松懈、不松劲，坚持稳中求进，一方面对照全面建成小康社会的目标任务，进一步补齐工作短板，厚植发展优势，巩固脱贫成果；另一方面，以习近平新时代中国特色社会主义思想为指导，以实施乡村振兴战略为抓手，以县域治理"三个起来"、乡镇工作"三个结合"为遵循，积极探索脱贫攻坚与乡村振兴有效衔接。

具体来说，在实践中，兰考以"四个坚持"为工作原则：坚持加强党对农村工作的领导，确保农村改革发展始终沿着正确的方向前进，凝聚全县力量共同推进乡村振兴；坚持农业农村优先发展，把脱贫攻坚和乡村振兴摆在优先位置，在干部配备上优先考虑，在要素配置上优先满足，在资金投入上优先保障，在公共服务上优先安排；坚持农民主体地位，充分尊重农民意愿，切实发挥农民的主体作用和首创精神，调动农民的积极性、主动性、创造性，把维护农民群众根本利益、促进农民共同富裕作为出发点和落脚点；坚持遵循乡村发展规律，以功成不必在我的境界，发扬钉钉子精神，坚持一切从实际出发，因地制宜、分类指导、精准施策，一件事接着一件事办，一年接着一年干，努力探索出一条脱贫攻坚与乡村振兴有效衔接的好路子。

立足新起点，兰考认真总结脱贫攻坚实践的经验做法，准确把握乡村工作新的发展方位，把党中央提出实施乡村振兴战略的战略意图领会好、领会透。在此基础上，兰考开始探索将脱贫攻坚与乡村振兴有效衔接起来，坚持以乡村振兴引领脱贫攻坚，以脱贫攻坚助推乡村振兴，将脱贫实践的好经验好做法延续到乡村振兴战略中去，推动形成脱贫攻坚与乡村振兴相辅相成、相互促进的生动局面。

第二节 推进"五衔接"

脱贫摘帽之后，兰考认真贯彻落实习近平总书记关于乡村振兴战略的重要指示要求，对照乡村振兴战略"产业兴旺、生态宜居、乡风文明、治理有效、生活富裕"的总方针，立足脱贫摘帽形成的坚实基础，抓重点、补短板、强基础、促改革，从五个方面推进脱贫攻坚与乡村振兴有效衔接，完成理念方法、政策体系、体制机制、作风与精神的延续与提升，做好夯实全面小康、乡村振兴的基础性工作。

一、做优产业，提升发展质量

乡村振兴归根结底首先要解决好发展问题，必须始终把大力发展农村生产力放在首位，在产业兴旺上下功夫。脱贫攻坚中的产业扶贫，解决的是没有产业、没有收益的问题，主要集中在快速解决农户经营性收入低的问题，扶贫模式相对单一、产业链短、附加值较低，并且在脱贫攻坚的时间压力下，产业选择往往以短期见效为准则。而乡村振兴背景下实现产业兴旺，重心则在产业强不强，不仅仅局限于农业，而应着眼于优化一产，在此基础上大力发展二三产业，推动农村一二三产业融合发展。

在"三年脱贫"阶段，兰考构建了以家居制造及木业加工、食品及农副产品深加工、战略性新兴产业为主导，连接产业集聚区、乡镇创业园区、专业村及农户的产业体系，产业发展实现了从无到有的重大突破。但这些产业链条短、附加值低、抗风险能力差、带贫能力弱，与乡村振兴战略提出的"产业兴旺"相比较还有不小的差距。为此，兰考形成了以供给侧结构性改革为主线，立足本地优势，招大引强、延链强链，提升产业扶贫质量的工作思路，着力从培育特色产业向产业兴旺推进。一方面，兰考持续培育壮大品牌家居制造、绿色畜牧、循环经济三个主导产业和智能制造、文旅培训两个特色产业，构建"3＋2"特色产业体系。家居产业方面，脱贫摘帽之后，兰考的家居产业没有形成体系，市场竞争力不强，对此，兰考积极引进品牌家居龙头企业及产业链配套企业，加上兰考及周边丰富的林业资源，逐步形成了以恒大家居特色小镇为引领的品牌家居产业体系。畜牧产业方面，兰考作为农业大县，工业基础薄弱，摘帽后逐渐在一二三产业融合上下功夫，以畜牧产业化引领农业现代化，拉长、加强产业链条，形成了"5＋1＋3"的特色产业体系（"5"即鸡、鸭、牛、羊、驴；"1"即饲草；"3"即蜜瓜、红薯、花生）。循环经济产业方面，兰考以推进生态文明建设为目标，把循环经济作为全县主导产业的一个重要板块，与国内循环经济产业龙头企业合作，致力于打造国家级循环经济产业园。此外，兰考以智能制造产业和文旅产业作为两大特色优势产业进行培育。另一方面，兰考在产业发展中进一步统筹处理"产、城、人"三者的关系，努力做好产业的合理空间布局和利益联结，以大产业的引进培育促进稳定脱贫，让产业发展惠及更多群众。逐渐形成了"龙头企业做两端，农民兄弟干中间，普惠金融惠全链"的产业带贫模式，积极吸引行业龙头企业入驻，在产业链顶端抓研发、育种和繁育，助推产业带贫模式；在产业链终端抓市场销售，塑造兰考产业品牌；在产业链中端充分吸纳农民参与种植养殖业环节，实现产业稳定发展和群众增收。

产业体系发展目标明确以后，接下来的工作是要招商引资、补链强链。脱贫攻坚的实践表明，如果只是小农户、小产业、小规模，不仅附加值低、效益不高，而且抗风险能力也非常薄弱。为进一步抢抓发展机遇，营造大开放、大招商、大发展的浓厚氛围，兰考坚持招大引强的思路，在坚持做优做强"3＋2"产业不动摇的基础上，坚持把招商引资作为兰考经济大发展、大繁荣、大促进、大提升的一个主要动力点和发力点，谋划出一批质量高、成效好的招商引资项目任务，由成员单位具体实施，责任一划到底。项目签约落地后，成立服务专班，为企业提供"店小二"式的精准服务，从项目建设到生产生活，企业凡是有问题，服务组就及时跟进。此外，兰考积极实施

"兰商回归"工程，广泛调动各方活跃因素，用活交际圈、扩大联谊面，加强与北京开封商会、广东开封商会等商协会内成功企业家联系对接，促进在外乡贤回归创业，推动成功企业返乡投资。

当然，引进企业并非一件容易的事情。为此，兰考在优化营商环境方面下足了"绣花功夫"，将优化营商环境作为高质量发展的重中之重，秉承亲商、安商、富商的理念，切实将优化营商环境工作落实到位。不仅责任落实到人、具体到事，而且积极开展"优化营商环境主题宣传活动"，及时公开优化营商环境政策、措施及工作动态，大力宣传优化营商环境的先进典型和重大意义，推进政务公开，努力营造良好的社会舆论环境。此外，兰考还利用大数据综合治理的方式，提升政务服务质效，创优营商环境，推动各项惠民政策落地。

产业振兴，离不开人才。兰考积极吸引培育各类人才参与到产业发展中来，在乡镇建立"乡土人才库"，培养一批农业职业经理人、经纪人、乡村工匠、致富能手等；积极引导外出人才返乡创业；建立兰考"三农"学院，探索开展"一懂两爱"干部培训和"一懂一爱"新时代职业农民专项培训；围绕兰考"新三宝"（蜜瓜、花生、红薯）产业和优势产业发展，创新培训机制，支持农民专业合作社、专业技术协会、龙头企业等主体承担培训。兰考充分发挥各方优势，为产业发展提供了有力的人才和智力支持。

总之，在产业发展工作中，兰考围绕强县和富民的统一，不断壮大特色产业体系，逐步完善城乡统筹、一二三产业融合发展的产业格局，在增强县域竞争力的同时，带动更多群众在产业链条中增收致富，持续推动县域治理"三个起来"在兰考落地开花。

二、改善环境，迈向生态宜居

习近平总书记强调，良好生态环境是农村的最大优势和宝贵财富。在"三年脱贫"阶段，兰考在改善农村基础设施的基础上，以"五不五有"（不能住危房，要有大门和围墙；不能没门窗，要有玻璃和纱窗；不能没家具，要有床柜和桌椅；不能没家电，要有有线电视和电扇；不能脏和乱，环境要有大改变）为标准开展"春风行动"，帮助贫困户改善生产生活环境，树立发展信心；开展"五净一规范"，让群众养成良好生活习惯；通过实施"五分钱工程""清洁家园"行动，乡村生态和环境明显改观。虽然有了一定基础，但与乡村振兴战略提出的"生态宜居"目标还存在较大差距。于是脱贫摘帽之后，兰考进一步开展人居环境改善工作，扎实推进农村人居环境整治行动计划，持续聚焦农村生活垃圾处理、生活污水治理、村容户貌整治，实现农村环境干净整洁有序，为生态宜居奠定良好基础。

一是推进"厕所革命"。把"厕所革命"与农村人居环境整治有机结合，着力改善农村基础设施和公共服务，在高质量完成农村改厕任务的同时，引导群众形成文明如厕的良好习惯，让群众如厕素质跟上"厕所革命"的步伐。二是开展污水治理。根据村庄基本情况合理选择生活污水治理模式，完善生活污水收集管网，推进农村污水在村内实现综合利用。三是实施农村垃圾治理及综合利用。在实现农作物秸秆及农业废弃物综合利用的基础上，全面推进县、乡、村三级垃圾分类减量和资源化利用，完善县、乡、村三级探索垃圾处理新模式，推广垃圾分类积分兑换制度，激发群众垃圾分类热情。四是开展水系绿化工程。对农村坑塘进行整治提升，实现支渠、斗渠贯通连接，为引水入村打好基础，形成"来水能引、降水能蓄、沥水能排、灌溉能用、人水和谐"和"以河渠为线、坑塘为面、线面相连"的农村生态水网；大力推进造林绿化，以城区绿化提升为重点全面推动城市园林化，以高速公路绿化为重点全面推动廊道林荫化，以围村林和村庄绿化建设为重点全面推动乡村林果化。五是提升村容户貌。完善道路、排污管网等基础设施建设；按照"十无一规范一眼净""五净一规范"标准，打造美丽庭院；深入学习浙江"千万工程"经验，持续开展农村人居环境"三清一改""清零"行动（见专栏一），对所有村庄大街小巷的垃圾、杂物进行清理，开展"美丽小镇"和美丽乡村建设工程，村庄环境面貌得到了极大提升。

"三清一改"	→	清理农村生活垃圾；清理村内塘沟；清理畜禽养殖粪污等废弃物；改变影响农村人居环境的不良习惯
村庄达到"十无一规范一眼净"	→	无乱堆乱放，无杂物挡道，无污水横流，无私拉乱扯，无杂草丛生，无私搭乱建，无乱贴乱画，无乱停乱放，无乱栽乱种，无残墙断壁，生产生活物品摆放规范，全域环境整洁干净
农户庭院达到"五净一规范"	→	院内净、卧室净、厨房净、厕所净、个人卫生净、院内物品摆放规范

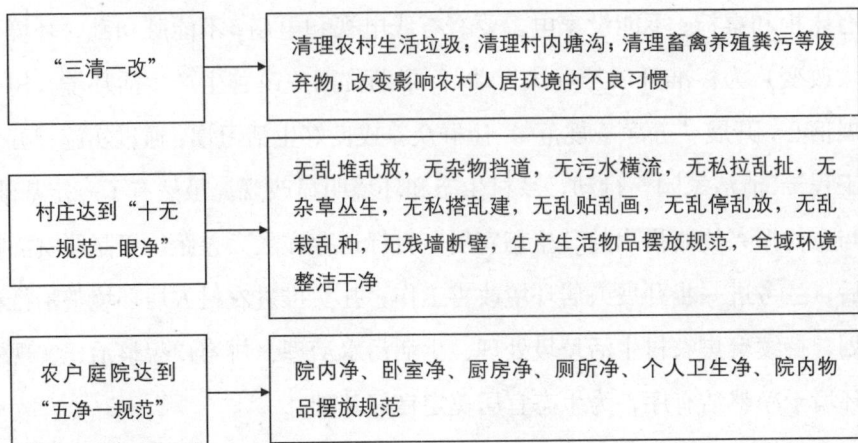

　　通过推动村容村貌的"清零"行动，兰考既改善了农村环境卫生条件，又转变了农民陈旧的思想观念，群众的环境和卫生意识得到了显著提升。除此之外，兰考还将人居环境改善与全域旅游发展、品牌家居产业发展有机结合，特别是通过连续开展造林绿化工程，全县苗木面积大幅增加，在生态环境持续优化的同时，更为兰考品牌家居产业、苗木经济储备了丰富的林业资源，为产业发展奠定了良好基础。

三、激发动力，推进乡风文明

　　习近平总书记强调，要发扬中华民族传统美德，勤劳致富，勤俭持家；要加强贫困地区移风易俗工作，促进形成文明健康的生活方式。持续激发内生动力，找回"敢教日月换新天"的拼搏精神，是兰考精准脱贫的基本经验之一。"三年脱贫"期间，兰考通过开展红白事治理、"新乡贤""好媳妇"评选等活动，红白事大操大办、铺张浪费等陋习得到遏制，文明乡风逐渐浓厚。在稳定脱贫奔小康的过程中，如何持续激发内生动力、涵养文明社区生活方式、提升乡风文明，是兰考促进脱贫攻坚与乡村振兴衔接的着力点。于是摘帽之后，兰考坚持"以社会主义核心价值观为引领，强化群众思想道德建设，培育乡风文明、良好家风、淳朴民风"的理念，在激发贫困人口脱贫内生动力的基础上，有效衔接乡风文明，为乡村振兴提供精神动力。

一是培育文明乡风。针对城市、乡村、城乡接合部的群众特点，兰考编写整理了富有针对性的标语、口号（见专栏一），还创作了以"乡村振兴""返乡创业""和谐家风""移风易俗"为主题的春联，让标语、口号与群众生活融为一体，达到春风化雨、润物无声的效果；在各乡镇（街道）镇区和各行政村主干道、村文化广场等显著位置精心打造文化乡村文化墙，加强传统文化的宣传教育；大力推动移风易俗，举办新风尚集体婚礼；积极打造"一约四会"示范村，充分发挥村民自治作用。

专栏一

乡风文明标语

返乡创业标语：①外出辛苦换来一家幸福创业就业首选家乡沃土；②返乡创业大舞台家乡有你更精彩；③家乡盼归来子女乐开怀；④返乡务工创业回家安居乐业；⑤务工打拼真辛苦回家过年好幸福。

移风易俗、文明户标语：①甩掉穷帽子争当文明户；②当上文明户娶个好媳妇；③嫁给文明户越过越幸福；④评上文明户子女志气足；⑤大家文明高一分乡村形象美十分；⑥婚事新办喜事简办；⑦孝老爱亲美名扬共享文明新风尚；⑧家家争当文明户社会和谐更进步。

二是倡树良好家风。结合兰考实际，在全县范围内开展文明户、文明村、文明乡镇、文明县城四级文明创建活动（见专栏二），推动兰考逐步形

成四级文明创建工作联动机制；启动"星级文明户"认领制创建活动，由"评选制"向"认领制"转变，并举行表彰活动，由乡镇（街道）负责同志敲锣打鼓将奖牌、奖品送到家，积极扩大典型的影响面，进一步引导群众向上向善、重义守信、勤俭持家；依托新时代文明实践站，全县454个行政村（社区）每月开展一次争夺人心、争夺阵地的"快乐星期天·孝老爱亲饺子宴暨兰考文明户评选表彰"活动，把文明实践活动与精准扶贫相结合，通过政策宣讲引领、干部帮扶引导、典型榜样带动，为乡村振兴提供强大的精神动力。

专栏二

四级文明创建

文明户创建：以干净整洁星、勤劳致富星、孝老友善星为创建标准，评选采取一月一评选，一季度一复核方式进行。文明村创建：乡风文明红旗村和文明村创建，各行政村"兰考文明户"数量达到村总户数的50%以上，即可获得"乡风文明红旗村"奖牌。梯次推进成功创建省级以上文明村和全国文明村的，可获得省财政资金奖励。文明乡镇创建：通过兰考文明户创评活动创建成功的文明乡镇，同步享受各级文明奖。文明城市创建：坚持全面动员、全民参与、全域创建，推动文明城市向乡镇拓展和延伸，把乡镇全部纳入文明城市实地测评范围。文明城市创建成功，全县各单位在编在岗干部职工可多享受1个月工资。

三是涵养淳朴民风。弘扬优秀传统文化，是涵养淳朴民风的有效方式，兰考县在春节、元宵节、清明节、端午节、中秋节等传统节日，组织全县各

乡镇（街道）、各行政村开展帮扶慰问、清明祭英烈、送戏下乡、文艺汇演、义写春联等活动，弘扬传统美德、凝聚民族情感、培育文明风尚。同时，深入开展志愿服务活动，组织全县各级文明单位开展"一对一结对"帮扶，借助驻村工作队力量，强化技术培训，让贫困群众发挥自身所长脱贫致富，拓宽贫困群众的就业渠道。此外，村里选择有知识、有文化、有技能的代表组成农民讲师团，定期教授生产生活技能，还在村委院内开办"幸福家园"大讲堂，用群众喜闻乐见的方式宣传党的方针政策，让群众沐浴在和煦的文明新风里。通过不懈努力，兰考在乡风文明建设方面取得了明显成绩，孕育了良好新风尚。

四是弘扬时代新风。着力发挥榜样引领作用，积极开展"道德模范""身边好人""文明家庭""新乡贤""德孝之星"等评选活动。在全县范围内选树、宣传"致富能手""志智双扶"先进典型人物和典型事迹，评选出奋战脱贫一线的先进典型人物，激发群众的内生动力和干部的工作热情，在全县上下形成脱贫攻坚人人愿为、人人可为的浓厚舆论氛围。

通过上述工作，兰考不断提高群众的科学文化和道德文化素养，促进了群众物质文明与精神文明齐头并进，推动了乡村新风尚的形成，通过整体性积极向上社区意识和社区文化的塑造，兰考形成了内生动力、文明生活的氛围。

四、党建引领，促进三治合一

习近平总书记强调，要创新乡村治理体系，走乡村善治之路。良好的乡村治理不仅是脱贫攻坚取得成效的基础，也是脱贫攻坚形成的重要成果。脱贫摘帽后，兰考着眼于乡村振兴战略提出的"治理有效"目标，坚持党建领航、以党建聚合力，从构建党建引领的三治合一乡村治理体系着手，巩固和提升乡村治理能力。

一方面，继续加强基层党组织建设。一是建设过硬村级组织，从致富能手、返乡创业人员、退役军人中的优秀人才中培养村级干部后备力量，培养选拔一批优秀年轻党员担任党支部书记。每年对村（社区）党支部书记轮训；乡镇（街道）每季度对村（社区）"两委"干部分期分批轮训。每年倒排软弱涣散村党组织，持续运用"六步工作法"开展整顿，实现班子强、作风硬、能战斗。二是深入实施"双提升"（提升基层党组织服务能力、提升村级集体经济实力）工程，围绕全县产业布局，通过土地规模流转、盘活村集体资产资源、发展服务经济、用好上级财政资金、国储林管理5种发展途径，依托蜜瓜红薯种植、畜牧养殖、标准化厂房、"巧媳妇"工程等产业项目支撑，提升农村基层组织服务实力。三是完善"四面红旗"评选机制，将"四面红旗"调整为"稳定脱贫奔小康、基层党建、美丽村庄、乡风文明"四类。

另一方面，在党的领导下，兰考着力健全社区自治、法治和德治相结合的乡村治理体系。一是推动社会治理重心下沉，建设"一中心四平台"（见专栏三）的"民呼我应"社会治理体系。以"一中心四平台"为社会治理的总抓手，建成覆盖16个乡镇（街道）的社会治理综合指挥系统，完善"城乡吹哨，部门报到"的工作机制，发挥网格员巡查作用，集中排查乡村治理各类问题，挂账解决；强化信息畅通，提高城乡社会治理精细化水平。二是建立"一约四会"制度，以"自治"聚人心。利用村规民约、道德评议会、红白理事会、禁毒禁赌会、村民议事会等群众组织，充分发挥村民自治作用，规范村民行为。三是实施"一警一堂一中心"的法治乡村建设行动。全面推开村治保主任兼任一村一警和村调解员制度，在加强对群众的法律援助和司法救助的同时，以德育人，开设道德讲堂和道德评选活动，以此达到及时将矛盾纠纷化解在基层和萌芽状态，建设平安乡村的目的。

专栏三

"一中心四平台"建设

"一中心四平台"建设工作即县基层社会治理综合指挥中心，以及四个功能性平台（综合治理、执法监管、便民服务、综合监督）建设。线上"互联网+"治理，运用大数据思维，搭建小鱼易联和云视讯两大视频会议系统，接入政务外网、公安专网、蓝天卫士、数字城管、气象监测、交通监管、社情民意、智慧交通、便民服务等九大信息系统平台，有效推动数据融合、信息共享。线下网格化治理，全县1116平方公里划分771个网格、配备910名网格员，县城区66.7平方公里划分158个网格、配备269名全科网格员，网格员每日在网格内执行出勤任务，开展日常巡查、重点对象走访、基础信息采集、事件上报等一系列工作，发现社会治理问题，上报系统平台，交由"四个平台"进行处置。

五、共享发展，迈向生活富裕

脱贫攻坚解决的是困难群众基本生活保障问题，生活富裕是要让广大群众过上更加幸福美好的生活，两者都是群众综合性满意度指标的体现，不仅要实现"富口袋"，还要提升公共服务水平，满足群众物质和精神需求。兰考在脱贫攻坚中，确保现行标准下农村贫困人口如期脱贫，实现收入稳定增长，通过落实各项帮扶政策，进一步密切了党群干群关系，增强了产业支撑保障作用，提高了社会公共服务水平，让群众有了更多的幸福感、获得感。对照乡村振兴，兰考认识到，迈向生活富裕，提升脱贫质量是基础，共享发展是根本路径。于是，在脱贫摘帽后，兰考从多方入手，在解决贫困人口基本需求的同时，向全面发展的生活富裕迈进。

　　为了让脱贫人员稳定增收不返贫，让非贫困户持续增收富起来，兰考一方面继续拓宽就业岗位，以农民工为主体，根据农民工意愿开展各类职业技能培训，并根据企业需求，对在岗职工开展职业技能提升培训，实现高质量就业。同时，大力开展招商引资和扶持产业发展，以提供更多就业岗位。另一方面，兰考努力创造更多创业机会，推动乡村振兴人才引得进、留得住，鼓励高校毕业生、专业技术人员等各类人才到农村创新创业。为了增强乡村对人才的吸引力，在创业政策方面，兰考加大财政支持力度，采取以奖代补、政府购买服务等方式予以积极支持；落实金融扶持政策，采取财政贴息、融资担保、扩大抵押物范围等措施，解决返乡下乡人员创业创新融资难问题；优化返乡创业环境，通过完善创业服务体系，强化创业服务职能，搭建更加广阔的创业服务平台。此外，兰考通过持续做大做强县域经济，广泛建立利益联结机制，做到乡里有主导产业，村里有支柱产业，户里有就业创业，实现农民收入持续增长。

　　实现生活富裕，不仅要让群众"富口袋"，更要让群众"富脑袋"。摘帽之后，兰考在物质文明建设不断取得进步的同时，在精神文明建设领域持续发力，培育积极向上的乡村文化和高尚的审美情趣。如今，村子里面打牌喝酒的少了，热爱运动热爱艺术的多了，闲来生事的少了，热心公益的多了，农民群众对美好生活的向往逐渐实现了。

第三节　下好"先手棋"

　　作为全国首批脱贫摘帽县，兰考在巩固拓展脱贫攻坚成果中，在推动脱贫攻坚与乡村振兴有效衔接中，取得了可喜的成绩。放眼未来，尽管在迈向乡村全面振兴的道路上仍然面临诸多挑战，但在"三年脱贫、七年小康"的奋斗历程中，兰考坚持以新发展理念为引领，积累了人才和经验，探索了机制和方法，已经下好了乡村全面振兴的"先手棋"。

一、坚持新发展理念

在党的十八届五中全会上，习近平总书记提出"创新、协调、绿色、开放、共享"五大发展理念。兰考在脱贫攻坚期间，深入贯彻习近平总书记提出的新发展理念，坚定不移地把习近平总书记关于扶贫工作的重要论述学懂弄通、落实落细。当脱贫攻坚遇到困难时，当工作打不开局面时，当遇到新情况新问题时，兰考就从总书记的重要论述中找方向、找方法、找标准，使脱贫攻坚始终沿着正确方向前进。在乡村振兴推进中，兰考依然始终遵循新发展理念，坚持打基础、立长远。将产业发展与生态治理相结合，致力于打造循环经济综合利用样板，在绿水青山中构建金山银山。充分发挥群众主体作用，把发动群众、组织群众、服务群众贯穿乡村振兴全过程，充分尊重群众意愿，发扬自力更生、艰苦奋斗精神，激发和调动群众的积极性、主动性，让农民群众更多参与并从中获益，实现共享发展。兰考自古为通衢之地，各色人等行经、汇聚，各种文化交流碰撞，造就了开放、包容的地域文化特色，在"三年脱贫、七年小康"的奋斗历程中，兰考始终坚持以开放、包容的理念谋发展，取得了显著成绩。未来，兰考将继续秉持新发展理念，推进各项事业迈上新台阶。

二、坚持党建引领

基层党组织是实施乡村振兴战略的"主心骨"，是农村各个组织和各项工作的领导核心。兰考在稳定脱贫奔小康的过程中，始终坚持并持续强化党建引领作用，建设过硬村级班子，选优配强"带头人"，持续深化"支部连支部、加快奔小康"活动，引导党员发挥先锋模范作用，积极投身到稳定脱贫奔小康工作中来。实践表明，兰考坚持党建引领，夯实责任、建强队伍、夯实基础、激发活力，为实现稳定脱贫奔小康提供了坚强的组织保证。在乡村振兴推进过程中，兰考将进一步加强基层党组织建设，充分发挥党建引领作用，切实将党组织的政治、组织优势转化为乡村振兴的发展优势，带领广大农民积极投身于乡村振兴建设。

三、强化人才支撑

乡村振兴，人才是关键。兰考在脱贫攻坚与乡村振兴实践中，多措并举创新乡村人才工作体制机制，有效推动乡村人才振兴。一是通过招录一批优秀大学毕业生到乡镇工作，鼓励青年人才返乡就业创业，吸引专业技术人员向基层流动以及加快建设"三农"学院等方式集聚乡村振兴人才力量；二是通过打造"一懂两爱"的"三农"干部队伍，培育"一懂一爱"的新型职业农民提升骨干队伍能力素质；三是通过鼓励人才基层一线创业，组织各类技术人才服务乡村振兴，加大优秀人才评选力度等方式充分发挥人才作用。兰考通过健全完善人才工作体制机制，营造了人才下沉乡村的浓厚氛围，乡村人才振兴政策框架和引才、用才、育才体制机制全面建立，形成了上下贯通、协同配合的工作格局，为乡村振兴战略的推进提供了有力的人才支撑。

四、创新体制机制

兰考在脱贫攻坚与乡村振兴战略推进过程中，以"三农"工作为中心，不断创新各项体制机制，强化制度供给，取得了显著成效。通过坚持县乡村三级书记齐抓共管，强化责任意识；通过优先考虑"三农"干部配备、优先满足"三农"发展要素配置、优先保障"三农"资金投入、优先安排农村公共服务等"四个优先"强化农村工作的重要性；通过实施"双提升工程"，按照积极稳妥、因地制宜、强化管理、示范带动的工作思路，多层次、多渠道、多形式发展壮大村级集体经济，夯实农村基层基础。通过体制机制创新，兰考党员干部的服务意识和工作作风，农民群众的发展意愿和积极性等都有了很大转变，这些都将汇聚形成推动乡村振兴的强大合力，不断开创乡村振兴的新局面。

五、弘扬新时代焦裕禄精神

兰考是焦裕禄精神的发源地，在稳定脱贫奔小康的道路上，兰考始终把学习弘扬焦裕禄精神作为一条主线来抓，坚持把焦裕禄同志对群众的那股亲劲、抓工作的那股韧劲、干事业的那股拼劲的"三股劲"作为脱贫攻坚的精神动力，不断推动经济社会发展取得新成果。回顾兰考脱贫攻坚的历程，广大党员干部始终坚持把"以人民为中心"作为脱贫攻坚的根本宗旨，有利于群众的事就多干，不利于群众的事就不干，始终关心广大群众在脱贫及发展中的利益关系，满怀感情倾听人民呼声、回应人民期待，以保障和改善民生为重点，解决好人民群众特别是困难群众最关心最直接最现实的民生问题，得到了广大群众的积极拥护。在焦裕禄精神的鼓舞下，兰考党员干部由曾经的"推推动动，不推不动"到如今的"干在实处、走在前列"，从"坐着等"变成了"比着干"，工作作风有了极大转变，干群关系有了显著改善。在实现乡村振兴的道路上，兰考将继续传承并弘扬焦裕禄精神，深入践行焦裕禄同志的"三股劲"，以焦裕禄同志的公仆情怀、求实作风、奋斗精神和道德情操作为建设新兰考的精神动力，推动兰考谱写改革发展新篇章。

第八章 迈向"全面振兴"

从触及灵魂的"兰考之问"到日新月异的"兰考之变",从率先摘帽的"三年脱贫"到不落一人的"七年小康",从拼搏创新的"兰考之干"到减贫发展的"兰考之鉴"。几年来,兰考在习近平新时代中国特色社会主义思想的指引下,将决战脱贫攻坚、决胜全面小康的各项具体工作与习近平总书记关于扶贫工作重要论述和关于县域治理重要思想紧密结合,撸起袖子加油干,"想干""会干"加"实干",始终坚持统揽全局,全面践行精准方略,积极求索益贫发展,切实激发内生动力,着力巩固脱贫成效,稳步推进有效衔接,在全面打赢县域脱贫攻坚战的同时,形成了县域一二三产业融合高质量发展体系初具雏形,城乡面貌明显改观,群众获得感、幸福感大幅提升,全县经济社会总体保持健康快速发展,县域治理体系和治理能力现代化程度明显提高的良好态势。

回想 50 余年前,焦裕禄书记发出了"兰考人民多奇志、敢教日月换新天"的号召,誓言改变兰考贫穷落后的面貌。今天,兰考以脱贫攻坚统揽经济社会发展全局为发展策略和治理路径,率先脱贫摘帽,持续巩固成果,稳步建成小康,向习近平总书记、向焦裕禄、向全国人民交出了一份优秀的"兰考答卷"。如今,全国各地来兰考交流考察,不仅要学习焦裕禄精神,还要学习兰考统揽思维的脱贫经验,更要学习兰考改革创新、产业发展、城乡

152

建设、民生改善的减贫发展模式。以习近平新时代中国特色社会主义思想作为根本遵循,兰考将抓住历史性机遇,锚定"十四五"规划和二〇三五年远景目标,按照习近平总书记擘画的县域发展"三个起来""三个结合"的宏远蓝图,坚定信念改革创新,深入推进绿色发展,协调布局共享发展,全面实施乡村振兴,在奋进的新征程中接续梦想,在新时代焦裕禄精神的传承创新中砥砺前行。

一、回望"决胜小康"

还是那条黄河,还是那片土地,还是那些人。"三年脱贫、七年小康"的拼搏奋斗,实现了日新月异的兰考之变。实干兴邦,决胜全面小康的伟大成就,是习近平新时代中国特色社会主义思想实现的伟大实践,是中国之治的精彩呈现。兰考的成绩,得益于始终坚持习近平总书记关于扶贫工作重要论述和关于县域治理重要思想的指引。科学认识、深入理解和真心认同,才能有内在动机、切实行动和有益成效。有鉴于此,兰考高度重视提升全县党政干部对脱贫攻坚战在治国理政中重大意义的认识,着力以习近平总书记关于扶贫工作重要论述和关于县域治理重要思想武装全县党员领导干部的头脑,借助专题党课、以会代训、标兵示范等学习形式,依托基层组织建设、驻村工作帮扶、督查落实整改等保障措施,全县上下原原本本学、认认真真学、逐字逐句学,在脱贫攻坚时期形成了"以实践促进学习""以学习指导实践"知行合一、学做互促的工作格局。通过系统学习和深入领会,兰考在思想上想明白,在政治上高站位,在行动中真实干,把习近平总书记关于扶贫工作的重要论述落实到县域科学发展和县域有效治理之中,在充分认识和厘清脱贫攻坚与县域发展和县域治理的内在逻辑的基础上,以精准思维推动各项扶贫措施的有效落实,真正做到以脱贫攻坚统揽县域经济社会发展全局,用"四个紧扣"践行"三个起来":紧扣责任分工,切实齐抓共管合力攻坚的水平;紧扣供给侧结构性改革,选准县域发展的主导产业;紧扣新型城镇化，加快改变城乡整体面貌；紧扣民生改善和群众诉求，不断提高群众满意度和幸福感。

可以说，兰考的脱贫攻坚成就得益于始终坚持消除贫困、改善民生、逐步实现共同富裕的理想信念。让广大人民群众共享改革发展成果，是社会主义的本质要求，也是我们党全心全意为人民服务根本宗旨的重要体现。兰考用实际行动践行了党和政府努力抓好保障和改善民生各项工作，不断增强人民的获得感、幸福感、安全感，不断推进全体人民共同富裕的庄严承诺。"三年脱贫、七年小康"，靠的是兰考"书记县长负总责，四大班子齐上阵"的工作机制和"支部连支部"的帮扶组织架构；靠的是兰考54名县级干部、567名科级干部、3000多名在职党员的联系帮扶全覆盖；靠的是全县115个贫困村的345名工作队员，都扎扎实实"铆"在了帮扶村，真正做到了每个贫困村都有帮扶工作队、每个贫困户都有帮扶责任人，不脱贫，不脱钩；脱贫攻坚伟大胜利更离不开全县人民的拼搏奋进。七年以来，兰考全县扶贫干部们坚定信念、不忘初心、牢记嘱托，顶严寒、冒酷暑，田间地头话家常，同吃同住听意见，谋划脱贫促增收，用辛勤与汗水换来群众的信任和跟党走的信心、决心，用"白加黑、五加二"的苦干实干换来贫困群众的脱贫致富和幸福满意。如果说脱贫攻坚是没有硝烟的战场，那么兰考的党政干部们就是吹响冲锋号的排头兵，正是在他们的带领下，贫困群众听党话、跟党走，埋头苦干、敢闯敢干，脱贫基础越来越牢，脱贫质量越来越高，最终谱写了战胜贫困实现小康的壮丽画卷。

得益于始终坚持在县域治理中充分发挥中国特色社会主义制度的显著优势。兰考贫困人口数从2014年建档立卡之初的23275户77350人，降至2019年底的3户10人，贫困发生率从10.2%降至几乎为零，创造了其县域历史上最好的减贫成绩，为中华民族千百年来的绝对贫困问题的历史性解决贡献了兰考力量和兰考模式。"兰考之变"是我国社会主义制度优势在县域层面的彰显。其一，党的集中统一领导是兰考全面打赢脱贫攻坚战的核心。

党的领导作为中国特色社会主义制度的最大优势，在兰考县域发展中不断释放推动减贫治理体系有效运转的政治效能，使脱贫攻坚各项政策措施通过各级党委的统揽全局、协调各方得以落地生根；其二，精准扶贫方略是兰考全面打赢脱贫攻坚战的关键。精准扶贫作为习近平总书记关于扶贫工作重要论述的精髓，指引兰考切实解决好"四个问题"，通过走村入户、摸排调研、把握需求、分类帮扶等措施，兰考脱贫攻坚用"绣花"功夫扶到了点上、扶到了根上、扶到了心里、扶出了成效；其三，大扶贫格局是兰考全面打赢脱贫攻坚战的保障。通过对国家、省级各项政策安排的县域转化与落实，兰考依托各类财政专项扶贫资金投入，持续优化县域扶贫设计，持续完善社会扶贫相关制度并激发社会扶贫活力，围绕脱贫攻坚总目标，集中县域各方面力量，调动县域各方面资源，形成了上下一心、众志成城的合力优势。

得益于始终坚持一切以人民为中心、一切为了人民、一切依靠人民的发展思想。人民是历史的创造者，人民是真正的英雄，正是因为我们党始终紧紧依靠人民，才凝聚起决战脱贫攻坚、决胜全面小康的磅礴力量。从"兰考之变"到"兰考之干"，兰考县党委和政府始终把"全面建成小康社会，一个也不能少；共同富裕路上，一个也不能掉队"作为执政为民的根本目标，始终把"用好外力、激发内力"作为必须把握好的一对重要关系，始终把兰考广大人民群众特别是贫困群众视为脱贫致富的主体。通过加强扶贫同扶志、扶智相结合，兰考向思想变革要动力，向改革创新要动力，向能力建设要动力，有效解决了党员干部基层涣散、本领恐慌、形式主义，以及贫困群众不愿干、不敢干、不会干的"通病"，通过建设队伍、改善机制、完善制度和增强能力，兰考党政干部的领导带头作用得以充分发挥，通过积分管理、典型示范、能人带动和产业脱贫，兰考贫困群众的积极性、主动性、创造性得以充分调动，逐步形成了"干部抢着干、群众比着干"的攻坚氛围。在脱贫攻坚中，兰考贫困群众真切感受到了党和国家扶贫政策带来的实惠，真切感受到了依靠自己的努力改变命运带来的欣喜，真切感受到了个人技能和个人价值提升带来的志气，在脱贫奔小康的道路上越干越有劲头，越干越有信心，变"要我脱贫"为"我要脱贫"，凝聚起决战脱贫攻坚、决胜全面小康的强大力量。

　　回望兰考七年奋斗历程，便会发现脱贫攻坚的多层面巨大价值。一是补短板，兰考高质量完成了中央关于县域脱贫攻坚的总体目标，兑现了"三年脱贫、七年小康"的军令状，实现了"不落一人"的全面小康，县域内贫困村落的发展不足被迅速补齐，"两不愁三保障"得到全面落实，乡风文明建设有序推进，扶贫产业带贫减贫能力不断提高，贫困人口内生动力初步形成，收入增幅显著提升；二是强基础，兰考持续加强基础设施建设，完善公共服务供给，推动城乡融合发展，按照习近平总书记"把城镇和乡村贯通起来"的要求，坚持城乡统筹发展与脱贫攻坚同步推进，按照中心城区"一环两轴、三带四心、四片区"、乡村地区"两环三片、六线多点"的规划思路，积极改善贫困群众生产生活条件，推动养老、教育、医疗等资源向农村倾斜，在为产业发展和就业扶贫提供软硬件保障的同时，也助力资金、技术、人才等要素向农村聚集，进而逐步实现新型城镇化和农业现代化的同步发展；三是双循环，兰考在积极谋划将城市中诸如资金、生产、技术、人才的各类要素向乡村聚集，教育、医疗、养老等各类资源向乡村倾斜的同时，也引导农村劳动力、农产品、特色景观、旅游资源等要素及时对接和回应城市消费需要，通过深化改革能力和创新发展能力，不断破除深层次体制机制障碍，推动形成县域新发展格局；四是强县治，兰考初步探索出了一套可复制、可借鉴的县域减贫发展模式，有效克服了诸如部门条块分割、政策协同欠缺、"最后一公里"等一些长期困扰县域治理的难点问题，扎实推进了县域治理体系不断完善、治理能力不断提升，随着兰考县域软件条件充分改善，兰考县域高质量发展的动力更加强劲；五是转作风，兰考县委把脱贫攻坚作为锤炼干部作风的"大熔炉"，使之成为巩固群众路线教育实践活动和"三严三实"专题教育成果，检验"两学一做"学习成效的有效平台，随着脱贫攻坚的不断深入，兰考干部中形式主义、官僚主义、享乐主义和奢靡之风这"四风"问题得到了根本改善，干部日程表中的基层安排悄然增多；六是亲干群，随着兰考基层党组织凝聚力、战斗力显著增强，党的全面领导进一步落细落实，党和人民群众的血肉联系进一步强化，干群之间的情感纽带更加密切，党的执政基础更加稳固；七是高质量，兰考持续推进产业扶贫，通过加强供给侧结构性改革，积极优化产业布局，持续推进就业扶贫，重点加强与兰考产业体系相关的技能培训，按照"龙头企业做两端、农民兄弟干中间、普惠金融惠全链"的工作思路，逐步推动县域科学发展、集约发展和创新发展，特色产业体系、新型城镇体系、城乡公共服务体系等建设全面突破，县域经济社会高质量发展的格局初步形成。

兰考在"三年脱贫、七年小康"奋斗历程中所形成的理念、机制、政策、人才、举措以及宝贵精神力量，实践证明行之有效，不仅补齐了全面建成小康社会的突出短板，也是开启奋进"新的征程"的坚实基础，是续写全方位振兴新篇章的有力保障。

二、奋进"新的征程"

习近平总书记指出："我们既要全面建成小康社会、实现第一个百年奋斗目标，又要乘势而上开启全面建设社会主义现代化国家新征程，向第二个百年奋斗目标进军。"[①]对于这样一个高屋建瓴、视野开阔的行动指南，必须要分清轻重缓急，有计划有秩序地加以推进。习近平总书记亲自担任起草组组长并亲自领导制定的《中共中央关于制定国民经济和社会发展第十四个五年规划和二〇三五年远景目标的建议》，清晰擘画了 2035 年基本实现社会主义现代化的远景目标，为今后 5 年乃至更长时期我国经济社会发展提供了行

---

① 《习近平指出，既要决胜全面建成小康社会，又要开启全面建设社会主义现代化国家新征程》，新华网，2017 年 10 月 18 日，见 http://www.xinhuanet.com/politics/19cpcnc/2017-10/18/c_1121820451.htm。

动指南，开启了全面建设社会主义现代化国家新征程。

如期实现第一个百年奋斗目标并向第二个百年奋斗目标迈进，既"接天线"又"接地气"的县域治理是关键。不同于脱贫攻坚时期，开启全面振兴新征程是要锚定 2035 年远景目标，完成改革开放迈出新步伐、文明程度得到新提高、生态建设实现新进步、民生福祉达到新水平、治理效能得到新提升等全面全方位目标，这就对县域发展和县域治理提出了更高标准与更多要求。对于兰考而言，"十四五"期间巩固拓展脱贫成果、全面推进乡村振兴、进一步推动县域经济社会全面高质量发展的任务依然十分繁巨，在加快构建新发展格局、优化升级产业体系、全面推进乡村振兴、系统完善治理体系等方面还面临着诸多问题。

第一，深入贯彻新发展理念，构建县域新发展格局。兰考决战脱贫攻坚决胜全面小康的法宝之一，就是始终坚持新发展理念的引领。通过将新发展理念贯穿于脱贫攻坚全过程各领域，兰考因地制宜地找准路子、开出良方、拔除穷根，使县域人、财、物等各项资源和各项工作都能在脱贫攻坚的统揽之下有序推进，并逐渐转化成为可持续、高质量的减贫发展成果。例如，在产业扶贫方面，兰考在新发展理念指引下积极深化农业供给侧结构性改革，在调整农业种植结构、培育新型经营主体、扩宽各类销售渠道等多个维度既做加法，也做减法，在生产与消费、供给与需求的无缝对接中实现了农户的产得优、卖得好、赚得多；在生态宜居方面，兰考遵循新发展理念，通过水系绿化工程，对农村坑塘进行整治提升，实现支渠、斗渠贯通连接，为引水入村打基础、立长远，逐步形成了"来水能引、降水能蓄、沥水能排、灌溉能用、人水和谐"和"以河渠为线、坑塘为面、线面相连"的县域生态水网。可以说，正是在新发展理念的指引下，历经"三年脱贫、七年小康"的兰考才呈现出今日的开放、包容和共享。迈入新征程，对兰考深入贯彻新发展理念也提出了更高要求。新发展理念，是管全局、管根本、管长远的导向性理念，具有战略性、纲领性、引领性的特点，应贯穿于从基层党建到改革创新、从产业布局到绿色发展、从乡村振兴到城乡融合的县域发展全过程和各领域。只有将新发展理念"一竿子插到底"形成广泛共识，转化为切实的组织力量、项目政策和工作措施，才能实现县域更高质量、更有效率、更加公平、更可持续、更为安全的发展。这就要求兰考深刻理解落实新发展理念是推动县域高质量发展根本方法这一重要思想，继续坚持以县域治理"三个起来"作为根本遵循，找准自身定位，做好前瞻谋划、科学谋划、系统谋划，在县域发展新优势的不断塑造中，构建县域新发展格局。

第二，持续优化产业结构，升级县域经济体系。以新发展理念浸润脱贫攻坚，以脱贫攻坚统揽经济社会发展全局，兰考在持续优化县域产业结构、不断壮大特色产业体系方面已经做出了大量工作，取得了切实进展，收获了不少经验。

兰考的主导产业一定是围绕绿色产业来布局。品牌家居，用秸秆、果树枝来加工板材，是一个绿色发展的体系；绿色畜牧，兰考黄河滩 10 万亩的苜蓿草，有效地解决了现在黄河生态保护和国内苜蓿草供应紧张的问题，未来兰考还要解决畜禽粪便还田的问题；循环经济，生活垃圾实现无害化处理，农林废弃物实现再利用，城市垃圾可再生，未来要打造"无废城市"，不但解决兰考，还解决了周边很大范围的废物利用问题。兰考始终关注群众在产业发展中的利益关系。一是做实合作社和家庭农场，二是兼顾村集体经济的发展，让更多的村级一组的成员能够分享到我们产业发展的成果。这就是为人民服务，坚持以人民为中心。

今日的兰考，已经呈现出了以企业为主体、以项目为支撑、以技术为驱动、以益贫为原则的循环经济产业体系雏形。在这样一个益贫发展的过程中，兰考的政务作风呈现新气象，城乡面貌发生大改变，市场主体焕发新活力，人才发展得到大提升，县域经济、环境、基础设施等各方面都有了巨大变化。"十四五"期间，兰考要实现进一步促进一二三产业的深度融合发展、集群发展、升级发展的新目标，必须重点抓好以下几个方面的工作：一是坚持以改革创新作为根本动力，加强政府体制创新，引导企业技术创新，充分激发人才创新；二是建立健全县域产业链供应链体系，着力打造绿色产业链，持续培育壮大产业集群，推动传统产业高端化、智能化、绿色化；三是加快转变政府职能，积极深化"放管服"改革，优化县域营商环境，统筹推进县域城乡基础设施建设；四是充分发挥市场在资源配置中的决定性作用，深入优化投资结构，系统推进县域土地、劳动力、资本等要素的市场化改革。

表 8-1　兰考县产业集群发展目标表

	2019 年		2025 年	
	产值（亿元）	增速（%）	产值（亿元）	增速（%）
品牌家居及木制品	300	11	500	8.8
绿色畜牧	54	13	150	20
循环经济	25	13	100	27.2
一二三产业比例	14.9：45.3：39.8		9：46：45	

　　第三，优先解决"三农"问题，推进县域乡村振兴。习近平总书记强调："没有农业农村现代化，就没有整个国家现代化。在现代化进程中，如何处理好工农关系、城乡关系，在一定程度上决定着现代化的成败。"[①]诚然，兰考发展的不平衡和不充分最突出的体现始终是在农村，打赢脱贫攻坚战就是要补上全面小康的"三农"短板，持续巩固脱贫成果也是要实现和乡村振兴的有效衔接，只有优先解决好"三农"问题，兰考城乡发展不平衡、农村发展不充分的现状才能得到切实改善。"十四五"期间，兰考"三农"工作重点将从集中力量脱贫攻坚转向全面推进乡村振兴，兰考在脱贫攻坚时期探索

---

　　① 习近平：《把乡村振兴战略作为新时代"三农"工作总抓手》，《人民日报》2018 年 9 月 23 日。

出来的诸如强化党建引领、坚持统揽思维、党政齐抓共管等多项实践证明行之有效的"三农"工作经验，可以通过围绕"总目标"、实施"五衔接"等一系列措施接续沿用至乡村振兴，也就是以脱贫攻坚的办法推进乡村振兴，在乡村振兴中巩固脱贫成果。然而，乡村振兴作为新时代"三农"工作总抓手，其工作对象、任务特点、标准要求与脱贫攻坚必然有所不同。比如脱贫攻坚主要瞄准贫困村、贫苦户，而乡村振兴则涉及所有的农村、农业和农户；脱贫攻坚在2020年必须如期全面完成，而乡村振兴则是一项长期战略，需要"一年接着一年干，久久为功，积小胜为大成"；脱贫攻坚的标准是"两不愁三保障"，乡村振兴的要求则更全面更系统、层次更高。因此，兰考迈进新征程，必须在推动乡村全面振兴上下更大功夫。其一，深入推动县域农业供给侧结构性改革，通过建设农业现代化示范区、打造省内知名农产品品牌、丰富乡村经济业态等方式提高农业质量效益；其二，探索建立一个符合乡村振兴要求的新型县域工作体系，结合新型城镇化，深入推进县域城乡融合发展，完善农村基础设施，改善乡村人居环境，加强农田水利建设，推动乡村人才振兴；其三，全面深化县域农村改革，激活乡村振兴内生动力，充分发挥新时代农民在乡村振兴中的主体作用；其四，推进巩固拓展脱贫攻坚成果与县域乡村振兴的有效衔接，在发展规划、政策保障、工作队伍、重点举措等多个方面接续推进贫困区域和贫困人口的发展。

第四，积极稳妥改善民生，健全县域治理体系。脱贫攻坚，为的是消除贫困、改善民生，实现共同富裕。历经"三年脱贫、七年小康"，兰考群众特别是贫困群众的收入水平有了大幅度提高，农村基本生产生活条件明显改善，县域经济社会发展明显加快，县域治理水平和治理能力明显提升。在取得成绩的同时，兰考也积累了有益经验。例如，在就业扶贫方面，兰考探索出了外出务工、产业体系就业、乡镇产业园就近就业、居家灵活就业、公益岗位就业等五种就业模式；在基层治理方面，兰考以"六步工作法"建强基层组织，以"四面红旗"激发基层干部热情，以"四级文明创建"改善乡风民俗。可以说,丰硕的脱贫攻坚成果是兰考新奋斗的起点,成熟的减贫治理经验是兰考新征程的底气。在《2020年兰考县政府工作报告》中,兰考提出了到2025年实现城乡居民收入年均增长10%,达到32292元,城乡居民收入比逐年下降,达到1.5∶1,教育、医疗、环境等共享发展水平显著提高,县域社会治理体系更加健全完善等一系列着力改善民生的具体目标。实现上述目标,兰考需要重点抓好以下几个方面的工作:一是继续坚持千方百计促进就业,完善县域收入分配机制,探索通过土地、资本等要素的使用权、收益权着力提高农村低收入人群的收入;二是织密扎牢社会保障网,深入推进城乡公共服务均等化,健全覆盖县域全民、保障适度可持续的多层次社会保障体系;三是着力完善县域治理体系,巩固加强基层组织和基层社会治理队伍建设,提高精准化服务能力,充分支持社会组织、志愿服务、慈善事业、信访制度等健康发展。

表 8-2 兰考县主要民生指标目标表

指标名称	2019 年		2025 年	
	总量	增速（%）	总量	增速（%）
城乡居民收入（元）	18228	10.5	32292	10
城乡居民收入比	2.07	0.03	1.5	0.1
恩格尔系数（%）	34.9		30	
学前教育三年毛入园率（%）	88.5		94	
高中阶段学生毛入学率（%）	91.3		93	
全民执业医师人数（人）	1510		2392	
卫生发展指数（%）	134.3		147.5	
5 岁以下儿童死亡率（‰）	3.75		3.57	
"三馆一站"覆盖率（%）	125		175	
$PM_{2.5}$ 指标（微克/立方米）	56		46	

续表

指标名称	2019 年		2025 年	
	总量	增速（%）	总量	增速（%）
PM$_{10}$ 指标（微克 / 立方米）	107		87	
空气优良天数（天）	207		285	
县域燃气普及率（%）	70		97	
城区集中供热普及率（%）	61.5		80	

三、传承"精神力量"

一个民族的崛起离不开强大精神动力的支撑，一个地区的发展和振兴同样需要强大的精神动力。中国共产党在领导中国革命、建设和改革的过程中，形成了不朽的精神力量，这些精神力量支撑着我们的奋斗与前行，是实现中国特色社会主义事业攻坚克难、一往无前、不断胜利的精神保障。回望兰考县 20 世纪至今的发展历程，就是一部向贫困宣战、决胜贫困的扶贫史。1962 年冬天，焦裕禄同志来到当时内涝、风沙、盐碱"三害"肆虐的河南省兰考县担任县委书记。他在兰考只有短暂的 475 天，却以"敢教日月换新天"的大无畏精神，以带病之躯战天斗地治理"三害"，干出了一番惊天动地的事业，铸就了精神上的永恒。早在 2009 年，习近平同志就曾把焦裕禄精神概括为"亲民爱民、艰苦奋斗、科学求实、迎难而上、无私奉献"，从"兰考之问"到"兰考之变"，从"兰考之干"到"兰考之鉴"，兰考"三年脱贫、七年小康"的奋斗征程体现了焦裕禄精神与习近平新时代中国特色社会主义思想的创新性发展和创造性转化，体现了新时代焦裕禄精神的凝练升华与传承创新。

一方面，焦裕禄精神为兰考县脱贫攻坚注入了强大的精神动力。习近平总书记指出，焦裕禄精神"同井冈山精神、延安精神、雷锋精神等革命传统和伟大精神一样，过去是、现在是、将来仍然是我们党的宝贵精神财富"。长期以来，兰考人民在战天斗地、摆脱贫困的过程中，铸就并践行焦裕禄精神。虽然焦裕禄同志早已离开人世，但他的思想和精神却永久地保存了下来。可以说，时代成就了焦裕禄，焦裕禄在时代中也留下了宝贵的遗产。如今，焦裕禄已经成为浸润到兰考这片土地上的文化灵魂，成为兰考干部群众思想观念中为之骄傲和努力践行的价值导引。作为兰考战胜贫困的强大精神动力，焦裕禄精神激励了兰考人奋发向前，为兰考扶贫事业奋斗不懈、最终夺取脱贫攻坚战的胜利。另一方面，兰考县脱贫攻坚也推动了焦裕禄精神的创造性转化和创新性发展。焦裕禄同志带领兰考人民治理"三害"，熬尽了自己的心血，为党和人民的事业献出了自己宝贵的生命，铸就了焦裕禄精神。兰考过去守着焦裕禄精神，却顶着贫困帽子，根本上在于没有真正领会焦裕禄精神的实质，没有让焦裕禄精神内化到兰考干部群众的心灵中去。脱贫摘帽奔小康过程中，兰考按照习近平总书记的要求深学、细照、笃行焦裕禄精神，用焦裕禄精神引导脱贫攻坚。脱贫攻坚体现了实践初心、体现担当、践行以人民为中心的发展理念，打赢脱贫攻坚战要有科学态度、拼搏精神、奉献精神，要有自强不息的内生动力和精神面貌。通过精准脱贫实践，兰考实现了脱贫攻坚的精神动力与焦裕禄精神融会贯通、融合发展，极大地丰富了焦裕禄精神，形成了新时代焦裕禄精神。

新时代焦裕禄精神的内核是"心中装着全体人民、唯独没有他自己"的公仆情怀，是凡事探求就里、"吃别人嚼过的馍没有味道"的求实作风，"敢教日月换新天""革命者要在困难面前逞英雄"的奋斗精神，是艰苦朴素、廉洁奉公、"任何时候都不搞特殊化"的道德情操。具体而言：

一是亲民爱民，坚守初心、勇于担当，牢记人民至上。焦裕禄精神之所以永恒，在于其彰显了对党忠诚、信念坚定的政治品格。忠诚是共产党人理想信念坚定的具体表现，是最重要的价值、最核心的操守。这种政治品格是全体党员所必须具备的精神品质，也是我们党凝聚力和战斗力的不竭源泉。

兰考打赢打好脱贫攻坚战，靠的就是在新时代焦裕禄精神中体悟、汲取和践行坚守初心攻坚克难、遵循规律谋求发展、深化改革增强动力、凝心聚力狠抓落实、求真务实担当进取的高尚品质。

二是艰苦奋斗，不等不靠、拼搏奋斗，激发内生动力。脱贫靠的是不甘落后，靠的是苦干实干，靠的是创新进取，靠的是干群一心，在脱贫攻坚过程中凝聚起来的强大合力，正是"撸起袖子加油干""幸福都是奋斗出来的"真实写照。新时代焦裕禄精神就是奋斗精神，就是自强精神，就是实干精神，就是创新精神。它强调群众是脱贫攻坚的主体，只有把群众当亲人，相信群众、组织群众、依靠群众，深入细致地开展志智双扶，才能充分发挥群众的主观能动性，提振精气神，增强内生动力，变"要我脱贫"为"我要脱贫"、"要我发展"为"我要发展"。

三是科学求实，因地制宜、精准施策，顺应发展规律。焦裕禄同志在兰考一年多，短短的时间就将盐碱、内涝、风沙这三大害治理出明显的效果，靠的是务实的工作态度、科学的调研考察和执着的行动追求。新时代焦裕禄精神坚持一切从实际出发，主张科学研判和精准施策的现代治理理念，强调精准培育和匹配选派的组织建设机制。正是在新时代焦裕禄精神的指引下，兰考在脱贫攻坚中始终秉持"蹲下来看蚂蚁"的精准态度，强化组织保障，解决四个问题，落实"四不摘"，全心全意为人民群众谋福利，在决战脱贫攻坚大考中交出合格答卷。

四是迎难而上，问题导向、攻坚克难，破解改革难题。面对兰考贫穷落后的情况，焦裕禄同志表示："兰考是灾难县，这里生产生活极其困难，如果作为党员的我们在面对困难时都没有一种舍我其谁的决心，那么就根本没法将兰考县的灾难现状改变。"焦裕禄时期兰考人民面临的主要问题就是战胜自然灾害、解决温饱问题，而进入新世纪，脱贫攻坚的关键是提升贫困群众生活水平，最直接最有效的途径就是发展产业和稳定就业。兰考学习和弘扬新时代焦裕禄精神，敢于挑重担、克难题、勇争先，在益贫产业上计长效、做减法，在传统产业上防污染、做升级，在新兴产业上重规模、做聚集，形成了造血功能持续增强、就地就业带贫致富的发展格局。

五是无私奉献，真帮实干、扎实苦干，坚持吃苦在前。焦裕禄同志在兰考时，舍身为民，将自己的全部精力与生命都奉献给了兰考这一片他深爱着的土地，更将自己一生的高尚情操奉献给了全党和全国人民的宏伟事业。焦裕禄同志真正做到了用生命去书写革命情怀，用生死去回报社会与人民。受新时代焦裕禄精神的感染，兰考干部队伍发挥出了强大的凝聚力和战斗力，特别是乡村基层干部把工作视为私事、如同家事，用"白加黑""五加二"苦干实干，用焦裕禄同志的"三股劲"担当尽责，充分发挥党的政治优势、组织优势和密切联系群众优势，最终带领群众蹚出了一条决胜贫困之路。

历经"三年脱贫、七年小康"，兰考将如期实现第一个百年奋斗目标并向第二个百年奋斗目标奋进。新的起点上，兰考在习近平新时代中国特色社会主义思想的指导下，力争在巩固拓展脱贫成果、推进乡村全面振兴和共享发展改善民生上走在前列，在未来把兰考打造成践行习近平新时代中国特色社会主义思想示范县、县域高质量发展示范县和县域治理体系和治理能力现代化示范县。在开启新征程、续写新篇章、明确新目标的接续奋斗路上，兰考坚持把学习弘扬新时代焦裕禄精神作为县域治理和县域发展的内在主线，坚持把焦裕禄同志对群众的那股亲劲、抓工作的那股韧劲、干事业的那股拼劲的"三股劲"作为不断推动县域经济社会发展取得新成果的精神动力。一方面，在新时代焦裕禄精神的不断传承浸润中，推动兰考全面振兴的各项事业向前发展。新时代焦裕禄精神是兰考高举习近平新时代中国特色社会主义思想伟大旗帜，在运用焦裕禄精神引领脱贫攻坚实践的过程中，结合精准脱贫实际和具体工作体悟，赋予焦裕禄精神以新时代内涵、新时代特色和新时代风采的创造性精神成果，是对焦裕禄同志"三股劲"精神的内涵升华与历久弥新。兰考迈入全面振兴的新阶段，决不能再犯"守着焦裕禄精神50年，为什么没脱贫？"的老错误，必须像脱贫攻坚时期创新性运用、转化焦裕禄精神一样，在新征程上学习弘扬新时代焦裕禄精神，使这一宝贵精神信仰继续鼓舞新时代的兰考党员干部群众坚定信念、拼搏奋斗、攻坚克难，扎实苦干，不断推进县域高质量发展、县域治理体系和治理能力现代化。另一方面，在新阶段、新要求、新实践的接续奋进中，实现新时代焦裕禄精神的与时俱进与创新发展。作为中国革命精神谱系中不可或缺的组成部分，焦裕禄精神在兰考的脱贫实践过程中，同以改革创新为核心的时代精神相结合，转化升华成新时代焦裕禄精神。新征程离不开精神指引，新篇章离不开精神动力，兰考在学习弘扬新时代焦裕禄精神的过程中，不仅要认真领会和把握其丰富内涵，深刻挖掘和体悟其崇高追求，还要在振兴实践中不断赋予其新的时代价值，让新时代焦裕禄精神在兰考的全面振兴中获得持续的创新升华，也让兰考在与时俱进的新时代焦裕禄精神指引下不断夺取新时代县域发展的新胜利。

参考文献

一、专著

习近平：《摆脱贫困》，福建人民出版社 1992 年版。

《习近平谈治国理政》第二卷，外文出版社 2017 年版。

《习近平谈治国理政》第三卷，外文出版社 2020 年版。

中共中央党史和文献研究院编：《习近平扶贫论述摘编》，中央文献出版社 2018 年版。

中共中央党史和文献研究院编：《习近平关于"三农"工作论述摘编》，中央文献出版社 2019 年版。

中共中央党史研究室：《中国共产党历史》（第二卷），中共党史出版社 2011 年版。

中共中央文献研究室编：《建国以来重要文献选编》（五），中央文献出版社 1993 年版。

中共中央组织部、中共中央党史研究室、中央档案馆编：《中国共产党组织史资料》（第八卷），中共党史出版社 2000 年版。

国家统计局编：《我国的国民经济建设和人民生活》，中国统计出版社 1958 年版。

国家统计局住户调查办公室：《2018 中国农村贫困监测报告》，中国统计出版社 2019 年版。

国家统计局住户调查办公室：《2017 中国农村贫困监测报告》，中国统计出版社 2018 年版。

国家统计局住户调查办公室：《2016 中国农村贫困监测报告》，中国统计出版社 2017 年版。

黄承伟：《一诺千金——新时代中国脱贫攻坚的理论思考》，广西人民出版社 2019 年版。

黄承伟：《与中国农村减贫同行》，华中科技大学出版社 2016 年版。

黄承伟、吕方编：《兰考：县域治理与脱贫攻坚》，研究出版社 2019 年版。

胡富国：《读懂中国脱贫攻坚》，外文出版社 2018 年版。

李培林、魏后凯、吴国宝等编：《中国扶贫开发报告（2017）》，社会科学文献出版社 2017 年版。

陆汉文、黄承伟：《中国精准扶贫发展报告（2017）——精准扶贫的顶层设计与具体实践》，社会科学文献出版社 2017 年版。

［美］史蒂芬·M.博杜安：《世界历史上的贫困》，杜鹃译，商务印书馆 2015 年版。

孙兆霞等：《贵州党建扶贫 30 年——基于 X 县的调查研究》，社会科学文献出版社 2016 年版。

魏后凯等：《中国城镇化——和谐与繁荣之路》，社科文献出版社 2014 年版。

二、研究论文

蔡文成：《基层党组织与乡村治理现代化：基于乡村振兴战略的分析》，《理论与改革》2018 年第 3 期。

陈林：《习近平农村市场化与农民组织化理论及其实践——统筹推进农村"三变"和"三位一体"综合合作改革》，《南京农业大学学报（社会科学版）》2018 年第 2 期。

陈锡文：《实施乡村振兴战略，推进农业农村现代化》，《中国农业大学学报（社会科学版）》2018年第1期。

党国英：《中国乡村社会治理现状与展望》，《华中师范大学学报（人文社会科学版）》2017年第3期。

邓大才：《中国农村村民自治基本单元的选择：历史经验与理论建构》，《学习与探索》2016年第4期。

杜军伟：《河南三山一滩农村扶贫开发问题研究》，华中师范大学博士学位论文，2015年。

樊祥胜：《抢抓机遇　乘势而上　坚持强县和富民相统一　打赢脱贫攻坚战（上）——访党的十九大代表、开封市委常委、兰考县委书记蔡松涛》，《行政科学论坛》2017年第9期。

冯留建：《为什么要强调精准思维方式》，《人民论坛》2018年11月下。

龚冰、吕方：《"摘帽县"如何巩固拓展脱贫成果？——基于兰考县案例的思考》，《甘肃社会科学》2020年第1期。

龚金星、马跃峰、王汉超、朱佩娴：《两年完成九成脱贫任务——兰考从大考到大干》，《人民日报》2016年3月28日。

韩长赋：《大力实施乡村振兴战略》，《中国农技推广》2017年第12期。

韩长赋：《国务院关于乡村产业发展情况的报告——2019年4月21日第十三届全国人民代表大会常务委员会第十次会议》，《农业工程技术》2019年第14期。

黄承伟：《激发内生动力　指引中国稳定脱贫实践》，《中国教育发展与减贫研究》2018年第1期。

黄承伟：《我国新时代脱贫攻坚阶段性成果及其前景展望》，《江西财经大学学报》2019年第1期。

黄承伟：《习近平扶贫思想论纲》，《福建论坛（人文社会科学版）》2018年第1期。

黄再胜：《公共部门组织激励理论探析》，《外国经济与管理》2005年第1期。

刘守英、熊雪锋：《我国乡村振兴战略的实施与制度供给》，《政治经济学评论》2018年第4期。

刘守英、熊雪锋：《中国乡村治理的制度与秩序演变：一个国家治理视角的回顾与评论》，《农业经济问题（月刊）》2018 年第 9 期。

刘雅鸣等：《兰考：会它千顷澄碧》，《求是》2019 年第 1 期。

刘彦随：《中国新时代城乡融合与乡村振兴》，《地理学报》2018 年第 4 期。

刘永富：《确保在既定时间节点打赢脱贫攻坚战——学习贯彻习近平总书记关于扶贫开发的重要论述》，《社会治理》2016 年第 1 期。

吕方、梅琳：《"精准扶贫"不是什么？农村转型视阈下的中国农村贫困治理》，《新视野》2017 年第 2 期。

吕方、苏海、梅琳：《找回村落共同体：集体经济与乡村治理——基于豫鲁两省的经验观察》，《河南社会科学》2019 年第 6 期。

吕方、向德平：《"政策经营者"："支持型政权"与新乡土精英的崛起——基于"河村"案例的研究》，《社会建设》2015 年第 3 期。

马池春、马华：《中国乡村治理四十年变迁与经验》，《理论与改革》2018 年第 6 期。

尚传斌：《让精准成为一种工作习惯》，《中国纪检监察》2018 年 6 月 5 日。

宋洪远：《中国农村改革 40 年：回顾与思考》，《南京农业大学学报（社会科学版）》2018 年第 3 期。

孙志平、刘怀丕：《扶贫：只有精准才能见效》，新华网，2017 年 8 月 21 日。

田毅鹏：《20 世纪下半叶日本的"过疏对策"与地域协调发展》，《当代亚太》2006 年第 10 期。

涂圣伟：《工商资本参与乡村振兴的利益联结机制建设研究》，《经济纵横》2019 年第 3 期。

汪三贵、郭子豪：《论中国的精准扶贫》，《贵州社会科学》2015 年第 5 期。

王德福：《拓展乡村振兴的想象力》，《北京工业大学学报（社会科学版）》2020 年第 2 期。

王晓毅：《警惕资本下乡给农村带来的四大风险》，《农村工作通讯》2017 年第 23 期。

王晓毅：《再造生存空间：乡村振兴与环境治理》，《北京师范大学学报（社会科学版）》2018 年第 6 期。

王亚华、舒全峰:《第一书记扶贫与农村领导力供给》,《国家行政学院学报》2017 年第 1 期。

魏后凯:《建立农民稳定增收的长效机制》,《四川党的建设》2019 年第 13 期。

魏后凯:《如何走好新时代乡村振兴之路》,《理论参考》2018 年第 4 期。

徐勇:《中国家户制传统与农村发展道路——以俄国、印度的村社传统为参照》,《中国社会科学》2013 年第 8 期。

叶兴庆:《新时代中国乡村振兴战略论纲》,《改革》2018 年第 1 期。

张海鹏等:《乡村振兴战略思想的理论渊源、主要创新和实现路径》,《中国农村经济》2018 年第 11 期。

钟钰:《实施乡村振兴战略的科学内涵与实现路径》,《新疆师范大学学报(哲学社会科学版)》2018 年第 5 期。

朱晓阳:《进入贫困生涯的转折点与反贫困干预》,《广东社会科学》2005 年第 4 期。

三、内部资料

兰考县扶贫办:《干字当头、精准发力,全面加快脱贫致富奔小康步伐》。

兰考县扶贫办:《抓好精准识别,着力解决"扶持谁"的问题》。

兰考县扶贫办:《汇聚力量 创新模式 打赢打好脱贫攻坚战》。

兰考县扶贫办:《突出全程精准 下足"绣花"功夫——关于兰考县以过硬作风确保扶贫政策措施落实情况的调查》。

中共兰考县委、兰考县人民政府:《全面打赢打好脱贫攻坚战工作指导手册》。

中央党的群众路线教育实践活动领导小组办公室:《关于河南省兰考县委专题民主生活会情况的通报》,2014 年 5 月 14 日。

后 记

2021 年 2 月 25 日，习近平总书记在全国脱贫攻坚总结表彰大会上庄严宣告，经过全党全国各族人民共同努力，在迎来中国共产党成立一百周年的重要时刻，我国脱贫攻坚战取得了全面胜利，现行标准下 9899 万农村贫困人口全部脱贫，832 个贫困县全部摘帽，12.8 万个贫困村全部出列，区域性整体贫困得到解决，完成了消除绝对贫困的艰巨任务，创造了又一个彪炳史册的人间奇迹！脱贫攻坚的伟大胜利是中国人民的伟大光荣，是中国共产党的伟大光荣，是中华民族的伟大光荣！

做好脱贫攻坚总结研究不仅是记录和宣传脱贫攻坚伟大成就的需要，也是在梳理和总结脱贫攻坚创举与经验，为全面建设中国特色社会主义现代化国家的新征程中做好全面乡村振兴工作提供借鉴与启示的需要。毋庸置疑，总结研究是一项系统工程，而县级层面的总结在其中具有突出重要的意义。一方面，县级总结直接记录和呈现脱贫攻坚的基层实践，需要完整地回顾脱贫攻坚在县乡村户各层级展开的历程、遇到的困难、探索的经验和形成的成果。县级工作"接天线"也"接地气"，从县域脱贫摘帽案例总结研究中可以通过鲜活的案例、有血有肉的人物和故事，来记录全面建成小康社会背景下脱贫攻坚战的指导思想、制度体系、实践创新与顽强拼搏所带来的巨大改变。另一方面，从县级脱贫摘帽案例的总结研究中，能够更加直观地感受脱贫摘帽以后接续推进巩固拓展脱贫攻坚成果与乡村振兴有效衔接所面临的新议题和新挑战，进而找准方向、启迪思考。正是在这样的背景下，国务院扶贫办组织和指导专家团队，对兰考决战脱贫攻坚、决胜全面小康的案例进行了多轮深入调研和总结研究，本书正是这些调研和思考的成果之一。我们希望在书稿中讲清楚几个问题，即脱贫攻坚给兰考带来了哪些方面的巨大变化？这些变化是如何产生的？兰考的案例给我们带来了哪些思考和启示？如今看来，对这样几个问题，我们目前的书稿只是交上了一份初步的答卷，尤其是随着时间推移，特别是乡村振兴战略的全面展开，脱贫攻坚的多层次成果及其深远影响依然处在不断显现过程中。就此而言，这部书稿对于兰考案例以及其所代表的县域减贫发展模式及其启示意义的考察仍属于"初步解读"。我们相信，在后续的跟进观察和持续思考中，兰考一定会带给知识界更多的触动与启示，同时也为乡村振兴贡献更多智慧与思考。

在书稿即将付梓之际，特别要感谢国家乡村振兴局中国扶贫发展中心、河南省扶贫办、开封市扶贫办、兰考县委县政府、兰考县扶贫办及相关部门对课题组的信任、帮助和指导。时任国务院扶贫办主任刘永富同志多次拨冗直接指导调研，中国扶贫发展中心主任黄承伟研究员亲自领导和组织调研、研讨和审定研究思路与报告大纲，并多次组织专家研讨会就报告细节进行集中审读指导修改，苏娟处长不仅为课题研究提供协调联络，更多次参与专题研讨贡献真知灼见。在兰考调研期间，兰考县李明俊书记、丁向东县长、吴长胜主席多次与课题组见面，为专家组传经送宝。兰考扶贫办陈趁义主任、王伟峰副主任、杨丹副主任、吕新峰副主任等同志，直接参与到实地调研中，为课题组耐心细致介绍兰考脱贫攻坚的实践和感悟，让课题组获益良多。经过前后多轮实地调研和密集专题研讨，课题组形成了总结研究报告大纲，黄承伟主任专门组织会议审定，之后课题组专家分工完成了报告撰写。具体为：黄承伟、吕方负责第一章；陈宁、吕方、杨生勇负责第二章；周晓露、万兰芳负责第三章；刘杰、王纯负责第四章；吕方、周晓露、原贺贺、范雅娜负责第五章;原贺贺负责第六章;范雅娜负责第七章;周晶、陈宁负责第八章;初稿形成后吕方、黄承伟对全稿进行了审读、统稿和修改。华中师范大学社会学院的研究生颜晓婷、祁缨缨、张黎理、张王赟卓、许萍萍、王纯、韩同舟等参与了实地调研,并参与了部分章节资料整理和写作;赵玉仙、赵广瑜、苏丽君、门金轲、徐小倩、霍璐瑶、邹永森、王肖杰等研究生对研究资料梳理、录音整理作出了贡献,在此一并致谢。

几年间课题组"四访"兰考,收获的不仅是知识上的启迪,更是精神上的洗礼,于课题组每位成员来说,都经历了很多的触动和感动。专家组深切感受到脱贫攻坚给兰考县带来的巨大变化,可以说,兰考的改变是全方位的,体现在县域发展和县域治理的物质层面,更体现在兰考干部和群众拼搏奋进的精神面貌。我们相信,在脱贫攻坚奠定的坚实基础上,兰考必将会它千顷澄碧,迎来更加美好的明天。

责任编辑：刘志江

装帧设计：胡欣欣

图书在版编目（CIP）数据

决战脱贫攻坚　决胜全面小康：兰考的故事／中国扶贫发展中心组织编写；
　吕方　等著 . —北京：人民出版社，2023.6

（中国脱贫攻坚典型案例丛书）

ISBN 978 - 7 - 01 - 025729 - 7

I. ①决…　II. ①中…②吕…　III. ①扶贫－概况－兰考县　IV. ① F127.614

中国国家版本馆 CIP 数据核字（2023）第 093448 号

决战脱贫攻坚　决胜全面小康

JUEZHAN TUOPIN GONGJIAN JUESHENG QUANMIAN XIAOKANG

——兰考的故事

中国扶贫发展中心　组织编写

吕　方　黄承伟　等著

人民出版社 出版发行

（100706　北京市东城区隆福寺街 99 号）

北京九州迅驰传媒文化有限公司印刷　新华书店经销

2023 年 6 月第 1 版　2023 年 6 月北京第 1 次印刷

开本：710 毫米 ×1000 毫米 1/16　印张：12

字数：161 千字

ISBN 978 - 7 - 01 - 025729 - 7　定价：50.00 元

邮购地址 100706　北京市东城区隆福寺街 99 号

人民东方图书销售中心　电话（010）65250042　65289539